青少年足球技术基础训练图解

[日]堀池巧 主编 姜先钧 译

人民邮电出版社

北 京

愉快踢球的第一步，从学习

从小学习踢足球，能够更好地体验足球所带来的乐趣，与此同时，还可以牢固掌握各种实战比赛中的技巧和动作要领。如果基础动作不扎实，接下来想要迅速提高战术水平时会遇到瓶颈。阅读本书，可以让小球员们意识到基础训练是至关重要的，并且通过大量的有球练习，让球技获得长足的进步。

CONTENTS 目录

第三部分　**控球与射门**

第五部分　# 防守

第六部分 **配合训练**

8人制足球介绍

【8人制足球在相对狭小的空间中进行，对球员的个人技术和团队合作有更高的要求】

2011年，在日本少年足球大赛中改变了惯用的"11人制足球"而采用了"8人制足球"的比赛形式。此后在少儿组足球比赛中，"8人制足球"比赛开始增多。

8人制足球比赛场地长68米×宽50米（推荐长宽比例），比一般的球场小很多。它有许多优点：8人制足球人数少，每名球员可以尽可能多地触球；单独对抗的机会也会增加，等等。我们期待8人制足球能为提高青少年的足球技能带来显著效果。

8人制球场规格

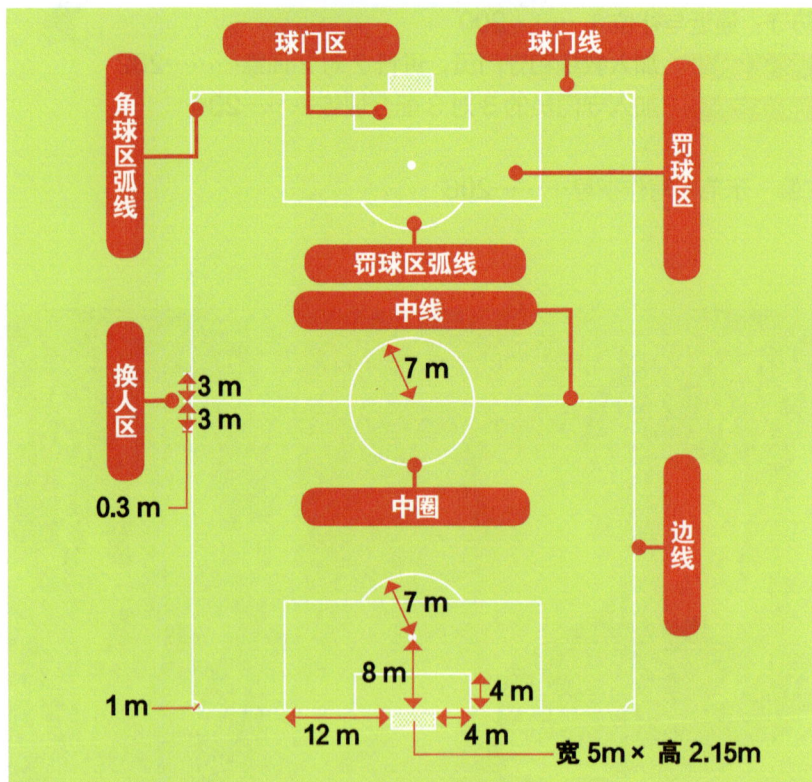

球门区　球门线
角球区弧线
罚球区
罚球区弧线
中线
7 m
换人区
3 m
3 m
0.3 m
中圈
边线
7 m
8 m
4 m
1 m
12 m
4 m
宽 5m × 高 2.15m

第一部分

基本功
训练

Play

热身运动①

屈膝下蹲

双脚并拢，双手扶住膝盖，做下蹲运动，拉伸大腿和膝关节内侧肌肉。

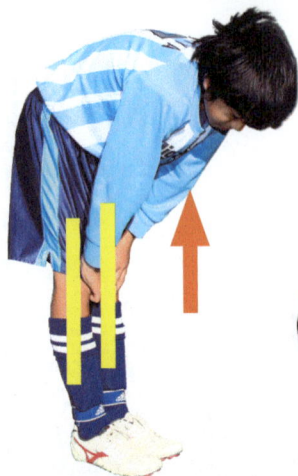

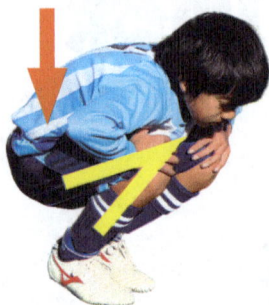

顺时针绕膝

跟腱拉伸

一条腿向前屈膝，呈弓字步，拉伸跟腱。

髋关节拉伸

双手扶膝，屈膝，双脚分开，一侧肩膀用力下压，拉伸髋关节。

在练习或比赛开始前，一定要充分热身。提前活动踢球时用到的身体各个关节，拉伸肌肉，这样可以预防在剧烈运动时受伤。

同时，练习或比赛结束后也要抽出时间做拉伸运动，以保持身体的柔韧度，帮助球员快速恢复体力。

活动手腕、脚踝

双手扶膝，转动膝盖，做圆周运动，活动膝关节。

双手十指交叉互握，上下活动腕关节；同时脚尖点地，以脚尖为轴转动脚踝，活动踝关节。

大腿内侧拉伸

右腿弯曲，左腿向身体左侧伸直，双手扶膝，拉伸左腿内侧肌肉。换右腿重复同样的动作。

指导要点 POINT 拉伸运动的标准

刚开始时，由教练示范如何做拉伸运动，让孩子们掌握正确的拉伸姿势。热身时间以大约15分钟为宜。做屈体拉伸、左转、右转运动等，每组动作保持在8秒左右。

热身运动②

膝关节内侧拉伸

双脚分开站立，左脚向前，弯腰，用手指去够左脚脚尖的位置，抓住脚前端往上回拉，拉伸膝关节内侧肌肉。

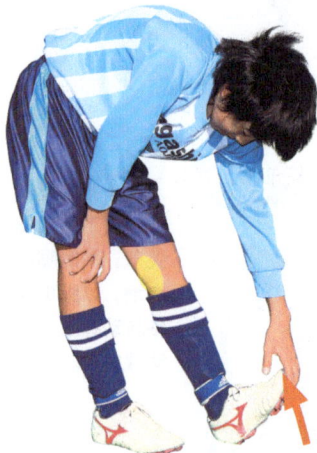

大腿内侧拉伸

双腿交叉（后腿不可弯曲），身体前倾，双手手指去够左右脚脚尖，拉伸后腿大腿内侧肌肉。

肩膀和手臂拉伸

一只手臂抬高伸直，贴向胸部，另一只手臂弯曲，夹住抬高的手臂，然后尽量向后拉。换边重复。这个动作可以拉伸肩膀和手臂的肌肉。

拉伸身体侧面

双手互握举过头顶，伸直胳膊，上半身依次向左、向右倾斜，以拉伸身体侧面的肌肉。

14

热身和拉伸运动在足球运动中是必不可少的。要有自我保护的意识，因此让我们来自觉地做拉伸运动吧！

此外，在各种肌肉拉伸运动中，要知道自己在拉伸哪部分肌肉，在活动哪个关节，运动中要仔细感受各个部分的拉伸感。

大腿前侧肌肉拉伸

身体站直，一只脚站立，另一只脚向后抬高，用同侧的手扳住脚面，缓缓用力将脚面拉向臀部。这样可以拉伸大腿前侧肌肉。

头部运动

头部从左下方开始，以脖子为轴，顺时针方向做圆周运动，再逆时针做圆周运动，使颈部关节和颈部周围的肌肉得到充分放松。

扭动腰部

双手叉腰，顺时针扭动腰部，使腰部关节和腰周围的肌肉得到拉伸。

小窍门

合理膳食同样重要

为了保持身体健康，合理膳食也很重要。如果足球球员食欲旺盛且消化功能强大，从成为专业球员这点来说，他们会更有优势。虽然没有必要过度饮食，但是不挑食，均衡地摄入各种营养可以使球员的身体更加强壮。

15

颠球练习①

双脚脚背颠球

1

用右脚脚背踢球的底部中心位置，让球垂直向上弹起。

POINT
击球时，踝关节动作不要变形！

颠球是培养球感的主要练习方式。颠球就是使球不落地，用身体的合理部位连续触球，使球弹起再接住的过程。练习开始前后，可以一个人或是与其他人一起比赛谁颠球数量多，谁的技术好，这样可以一边玩耍一边练习。

连续颠球的要领就是注意力高度集中，仔细看球。准确地踢到球的中心，让球垂直弹起来。

POINT
视线不要离开足球！

2

触球的右脚落地，左脚准备。

小窍门
只有在击球时保持脚踝动作不变形

如果一直保持身体前倾，会导致全身的肌肉僵硬，这样可能会控制不好出球方向。要记得始终让身体保持放松，在出球的时候，保持脚踝动作不变形。

3

左脚绷直，向上击球。双脚交替击球。

指导要点 POINT

循序渐进，不断增加颠球次数

初学者开始练习时，可以双手松开球后，用惯用脚击球一次，然后用手接球。这个阶段的训练完成后，练习连续颠 2 次球，再用手接球，以此类推，慢慢增加颠球的次数。当连续颠球次数达到一定数量时，再挑战双脚颠球练习。

反复练习用惯用脚颠球、接球，逐渐增加颠球次数。

双脚侧颠球

1

POINT
用双臂保持身体平衡！

右脚内侧向上摆动，击球。

2

注视着球，放下右脚，左脚准备。

3

左脚内侧向上摆动，击球。

单脚（左或右脚）外侧颠球

1

右脚外侧向上摆动，击球。

2

看着球运动的同时，脚暂时落地，准备下一次击球。

3

POINT
脚外侧要朝上！

再次用右脚外侧击球，反复练习。

颠球练习②

大腿颠球

1

POINT

大腿抬高至与地面平行！

抬高左腿，屈膝，击球。

小窍门

大腿颠球比较简单

大腿比脚内侧等身体部位触球面积大，所以可能有的球员很容易就能做好大腿颠球。这种情况下，就可以不只练习用惯用腿颠球，还可以练习双腿颠球，也可以尝试腿部颠球和脚背颠球的组合练习。

2

始终注视着球，放下左脚，右脚准备。

3

抬高右腿，击球。重复练习。

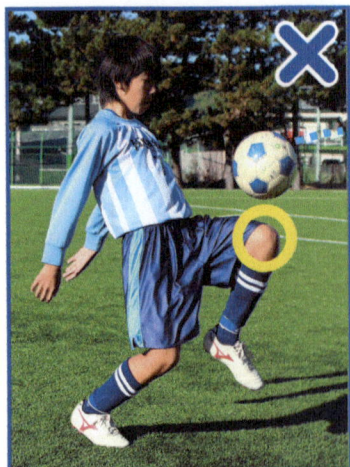

如果触球点距离膝盖太近，球就不会向正上方弹起。

颠球并不只是比较能连续做到多少次脚背颠球，因为颠球还包括双脚交替颠球、从脚内侧颠球到大腿颠球的转换，等等，所以要做到身体各个部位都能灵活颠球。

此外，不擅长头部颠球的球员在比赛中头部颠球也容易出现失误，因此，球员对自己不擅长的部分更要勤加练习。

头部颠球

双腿开立，膝关节微曲，头后仰。当球落至前额高度时，用前额触球的中下部，将球击起。

POINT

当顶起的球位置有所偏离时，要迅速移动到球的正下方！

POINT

膝关节微曲，保持身体平衡。

1

2

快速移动到球下落点的正下方，等待球下落。

3

注视着球，再次用前额部位击球。

指导要点 POINT

站在球的正下方

似乎有很多球员不擅长头部颠球。头颠球的要领就是，站在球的正下方，用前额部位触球。同时重要的一点就是，等待球下落时通过膝关节的屈伸来保持身体的平衡。

双膝微曲，站在球的正下方。

不在球的正下方的话，会导致接球时腿向前伸展，或者不能用前额触球。

尝试挑球

挑球，就是颠球等动作开始之前把地面上的足球踢起来的技巧。挑球的细节动作比较多，所以和颠球配合训练的话，能使球员的球感更加敏锐。

挑球有简单的挑球和复杂的花式挑球。请大家试着在保持正确姿势的前提下，做到完美的挑球。

双脚内侧夹球

1

将球放在双脚之间，做好准备动作。

2

POINT
球和双脚之间稍微留一点空隙！

双脚同时向内移动，让球弹起。

3

在球即将落地时，快速用脚颠起球。

指导要点 POINT 让球员大胆做技术动作

颠球或挑球这些基础动作在实际比赛中并不会有太大作用。但是，掌握球感和控球技术，还有对球的专注力，都可以让你的能力得到全面提升。此外，想要增加击球次数、想要掌握高难度的动作，这些挑战精神是极为宝贵的。所以，只要不影响练习，大家可以大胆做技术动作。

支撑脚挑球

1

右脚内侧将球拉到
左脚前面。

2 在球滚上左脚脚
面的瞬间,轻轻
带球跳起。

POINT
看准时机起跳!

3 左脚落地后右脚接球,
开始颠球。

向下踩球

1

双脚夹住球,脚
底搓球,小腿内
侧夹起球。

2 右脚固定住球,用脚
跟把球磕向地面。

POINT
磕球的右脚向支
撑脚倾斜!

POINT
膝盖要保
持向上倾
斜!

3 用脚接住反弹
回来的球,开
始颠球。

提升球感练习

练习目的 培养增加触球次数、不断提高速度的能力；增强保持身体平衡的同时，有节奏地、正确地触球的能力。

练习标准 比赛**1**分钟内的**触球**次数

反复练习① 双脚跨球练习

POINT
脚要绕跨过足球前面！

左脚支撑身体，右脚由内向外跨步。

跨过球的右脚落地，脚放在球的侧面，支撑身体。

然后以右脚为支撑脚，抬起左脚，由内向外跨步。

POINT
要计算自己绕跨球的次数！

反复练习② 脚内侧触球练习

以右脚为支撑脚站立，用左脚前脚掌触球。

触球完成后放下左脚，抬起右脚。

以左脚为支撑脚站立，用右脚的前脚掌触球。

POINT
触球时，脚要用力踩在球上！

指导要点 POINT

用支撑脚支撑身体

一只脚触球时，一定会有另一只脚作为支撑脚单脚站立。因此，刚开始可能很难找到身体的平衡点。但是，踢球或带球等所有的动作都是以此为基础的，所以要不断重复训练，直到完全掌握触球技巧。

支撑脚的膝关节弯曲，以保持身体平衡。

如果不充分使用支撑脚的膝关节，就难以保持身体的平衡。

反复练习③ 双脚拨球练习

以左脚为支撑脚站立，右脚内侧触球。

右脚落地后，抬起左脚准备。

用左脚内侧触球，把球拨向反方向。

POINT 身体不要左右倾斜！

反复练习④ 单脚拨球练习

以左脚为支撑脚站立，用右脚内侧从右上方按压足球。

左脚轻轻向左迈步，用右脚内侧拨球。

像这样，下次改向右拨球。

POINT 用脚内侧轻轻拨球！

传球游戏

练习目的　以游戏代替全身热身。游戏比赛可以培养球员的团队合作意识，提高个人的判断力。

练习标准

10分钟或**3**个游戏为1组

在球场的标志物中间排成一列，把足球举过头顶，依次向后传球。

站在最后面的球员拿到球后开始奔跑。

15m

跑到后面的标志物后折返，再跑向前面的标志物。

绕过前面的标志物后，入列，接续开始传球。

练习小贴士

传递球的方法

我们可以尝试各种方法从前往后传递球。传递球的方法越多，全身肌肉、关节的活动也就越多，这也可以代替热身。

模式一：双脚分开站立，让球滚过双脚之间。

模式二：踢球，让球经过双腿之间，由后面的球员接球。

躲球游戏

练习目的　为了能用球打到不断逃跑的"猫"，要求"猫"以外的其他球员行动敏捷。这个游戏可以代替热身运动。

练习标准

10分钟或**3**个游戏为1组

1 球员们和"猫"同时进入直径约5米的圆圈中。"猫"之外的球员用手传球。

猫

5m

2 用球攻击"猫"时，一定要用头部顶球。"猫"看到球后，迅速躲开。

3 如果"猫"能躲过5次攻击而不被球击中，可以交换角色。

出局！ ✕

如果"猫"被球击中，躲球次数归零，重新计数。

步法练习

步法模式示例

POINT

跳方格时，尽量不要低头看梯子！

每只脚依次迈进一个方格中，不断往前走。

每个方格中都可以双腿分开跳开，或者向内跳回，双脚同时进行步法练习。

在一个格子的里面和外面，各做一组双腿开合跳动作。

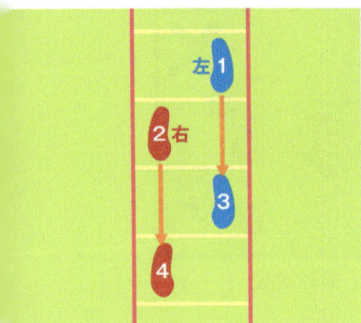

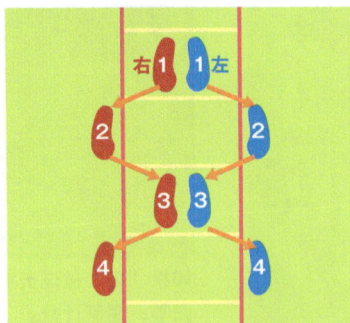

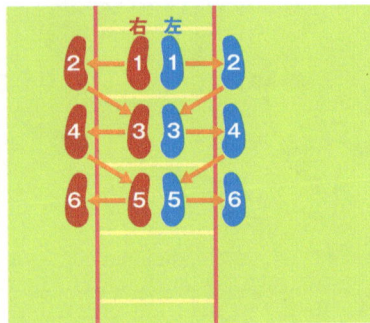

让我们用梯子尝试各种步法练习吧！做每个步法练习时，都要注意脚不要被梯子绊住。因此，关键是要准确地踩到方格的里面和外面。

这项训练可以让我们自然而然地掌握足球比赛中必需的各种细致的步法和敏捷的脚下动作，所以让我们积极地投入练习吧！

左右脚分别踩方格的里面和外面，双脚左右跨步。

横向站立，双脚依次跨进梯子的方格中，然后再轮流退出来，重复此动作。

每个方格中跨步3次，呈"Z"字形走位。

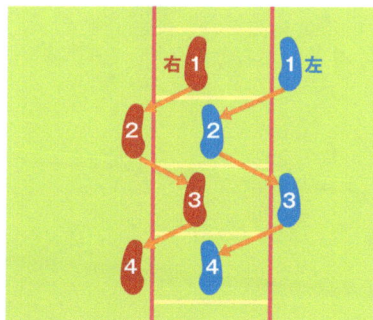

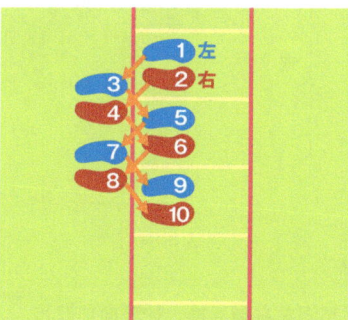

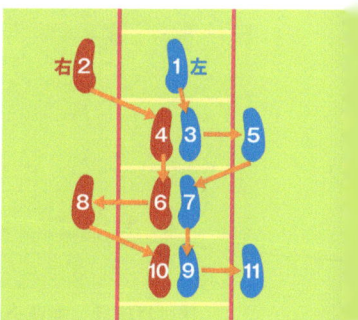

提高篇 2 掌握跑动的姿势

障碍跑

使用练习专用的迷你栏架，挑战各种跑动模式吧！和梯子跨步（见第26页）相同，脚要正确移动，注意不要被栏架绊住脚，这样才能掌握正确的跑步姿势。跑步中要有意识地摆臂和抬腿。

跨过

跨过

1步跨栏

按照右➡左➡右的顺序，每一步向前跨越一格栏架。

跨过

右

左

2步跨栏

跨过栏架后，在两个栏架间左右脚互换，轮流向前跨步。

指导要点 POINT 脚尖跨步

使用迷你栏架进行跑步训练时，手臂会自然地摆动，腿抬高，所以可以训练正确的跑动姿势。用脚尖跨步时，注意不要让脚跟着地。通过改变栏架之间跨步的数量，来改变跨步的时机，调整每一次跨栏的距离，做到随机应变。

脚尖有节奏地跨步时，双臂会自然摆动，大腿顺势抬高。

跨过　右　左　右　**3 步跨栏**

在两格栏架之间，双脚踏步 3 次后跨栏。

横向 2 步跨栏

跨过　左　右

横向站立，在两格栏架之间，双脚踏步 2 次后向右方跨栏。

29

用手控球①

坐地滚球

POINT

传球时膝关节不要弯曲！

1

2

3

席地而坐，双脚分开，用手让球围着身体滚动一圈。此时要保持膝关节不弯曲，身体要伸展开。

让球呈"8"字形滚动

双脚分开站立，腰稍微弯曲，在双腿之间画"8"字形带球。这个动作熟练后，可以适当增加速度。

1

2

3

POINT

控球滚动时要像写数字"8"一样！

我们可以尝试用手滚球、运球练习。正式比赛中，只有守门员能用手触球，但是少儿足球中，大多数情况下场上球员也肩负守门员的职责，因而也必须事先学习如何用手巧妙地控球。这项训练可以作为热身运动，也可以在游戏中边玩边学。

前后手交换接球

双脚分开，腰向下弯曲，双手分别转到胯下的前后，双手抱球。然后双手交换位置，在球落地前完成换手动作。

2

3

1

POINT
双手迅速地交换前后位置！

抱球翻滚

POINT
双手紧紧抱球，不要松手！

2

3

1

平躺，双手抱球向侧面翻滚。向右翻滚3次后，再向左翻滚。翻滚时，双手紧紧抱住球。

31

用手控球②

让球弹起后接球

坐在地上，双腿分开，把球用力掷向地面，让球反弹起来，在球落地之前迅速起身接球。

1

2

3

POINT
快速站起来！

指导要点 POINT

球弹起和落地时的球感

向地面掷球时，用多大的力量，球反弹的高度如何；球举到多高时，它下落的速度如何……这些球感只可意会，不可言传。球员不仅要进行脚上的步法练习，还要练习各种用手控球的技巧，这样才能培养球感。

把两个足球像接沙包一样交替扔起，并用手接住。这个小游戏可以锻炼手的触觉，控球技术也会随之提高。

用手控球的训练，是守门员为了锻炼手的灵敏度，在做热身运动时采用的方法。少年时期锻炼手部的灵活性可以让全身的协调性都得到锻炼。这种游戏式的训练方法可以让你摆脱接球失败的经历，而且这种形式也很有趣。

胯下投球后接球

双手抱球，穿过胯下，顺势从身后把球抛向正上方，在球落地之前迅速直起身体，用手接球。

POINT
尽量向自己身体的正上方抛球！

1

2

3

向后抛球后胯下接球

保持站立的姿势，身体后仰，尽量向双腿之间抛球，让球穿过胯下，待其落地反弹后弯腰接球。

POINT
球反弹后要穿过胯下！

1

2

3

33

折返跑

练习目的 折返跑，在绕过三角路障的同时，要观察对方的动作。这是足球运动员必须掌握的技能之一。

练习标准

10分钟或**3**个路障为1组

练习方法

每间隔5米放置一个三角路障，将它们排成两列，两人同时起跑。两人可以赛跑，也可以以同样的速度奔跑。当两人相遇时，互相避开对方。

练习小贴士

两人相遇时撞击对方

这项练习还有一种模式，就是两人以相同的速度奔跑，相遇时互相撞击对方。因为在正式比赛中不可避免地会和对方球员发生肢体接触，所以要让身体提前熟悉碰撞的感觉。但是，如果抱着游戏的心态做训练，小球员可能会发生纠纷，因此建议严肃对待。

高速奔跑时，如何在对抗中占得上风。

速度竞赛

胜出！

折返跑，绕过三角路障，比比谁的速度快。这个过程中要做到"缓急结合"：经过三角路障时稍微放慢速度，绕过路障时逐渐加速。

POINT

跨步躲避！

开始！

两个人面对面时交换位置

3 相遇时注意闪身躲避，不要撞到对方。

2 跑步过程中要相互关注对方的动作。

1 两个人以同样的速度同时起跑。

单脚跳手运球

练习目的 在一定的场地通过用手运球，培养观察周围情况的能力和用手控球的能力。

练习标准

3分钟 × 3组

练习方法

根据人数的不同，在相应大小的场地（10人时，场地大小为边长15米的正方形）里用手拍球，同时单脚跳跃前进。要随时注意观察其他球员，不要撞到其他人。运球方法有单手运球和双手运球等。

练习小贴士

锻炼手的灵活性和节奏感

训练时，不能只练习拍球，单脚跳手运球可以锻炼手的灵活性和全身的协调性。而且，最近发现有很多孩子身体协调性不好，因此在热身时也可以进行这项训练，这可以帮助他们提升身体的协调性。

跳跃时单手拍球

1 **2** **3**

POINT
球弹起和起跳要同步！

当球弹起时，单脚起跳。　保持跳起的状态，接球。　自己落地时，把球拍向地面。

跳跃时双手拍球

POINT
当球弹起到腰部位置，接下一个拍球动作会更容易！

1 边跳边用右手拍球。

2 用左手接住弹起的球。

3 边用左手拍球边往前走。

接球

练习目的　在固定的场地中（见第36页）重复练习投球和接球，提高对自己和球的空间认知能力。

练习标准

3分钟 ✕ **3**组

POINT
投球前计算好球落地的方位！

跑步接球！

POINT
跳跃到最高点时接球！

起跳接球！

在跑步过程中双手投球。

跑步中双手接球。

单脚起跳后接球。

练习小贴士

接球练习

可以选择在一定的场地中移动时，面对面地互相抛球并接球。也可以制定这样的规则：和3人交换球成功的话，练习结束。练习中注意不要被球打到。

面对面的两个人同时抛球并接球。

传球与控球

Pass & Control

足球训练的基础是正确的控球与传球

做接球练习时，不仅要接到球，还要有意识地把球放在容易继续做下个动作的位置。

侧面

正面来球

要点 1 接球

正面

球 — 支撑脚

要点 2 支撑脚

足球运动的基础是准确地控制球，以便能随时紧密地衔接下一个动作。两个人面对面传球练习包含各种基础动作，所以在平时的练习中经常会有这项训练。

这一章我们将学习控球和传球的技巧。控球和传球会用到脚部的各个部位，我们要尽早掌握如何巧妙地运用此项技能。

踢球时，支撑脚要准确稳定地踏地，这是踢球动作的重要环节。踢球时，把握好支撑脚和球的位置是重点。

踢球腿的摆动方法根据击球点的不同而各有不同。我们的目的是要正确传球，让对方很容易就能接到球。

侧面

正面

侧面

踏地

3 要点 正确传球

脚内侧控球

常见的接地滚球的方法是用脚内侧接球。脚内侧的弧度与足球表面相吻合，触球面积大，所以这里是脚的各个部位中最容易控制足球的位置。

调动身体的各个部位，顺着足球运行的方向引领足球停下来，同时把球控制在需要衔接下个动作的位置。

指导要点 POINT

不要把球停在身体的正下方

"停球"并没有错，但是在实际比赛中，我们经常能看到有球员过分追求完美的停球效果，最终把球接在了身体的正下方或是身体内侧。这样的话，会打乱比赛的节奏。所以在停球时要考虑好下一个技术动作，无论是把球踢出去还是继续在脚下盘带，都要把球控制在容易衔接下个动作的位置。

把球停在身体的正下方时，无法连贯地衔接下个动作。

1 注视着球，身体正对来球方向。

2 随着球的接近，接球腿（右腿）稍提起。

POINT 脚内侧面向来球！

小窍门

脚尖翘起，脚与身体成直角

接球脚的脚踝弯曲成直角，要让脚内侧正对来球，然后触球。此时，如果支撑腿没有屈膝，就无法成功地用脚内侧触球。所以在练习时要多加注意。

接球时脚尖翘起，脚与身体成直角，用脚内侧正对来球。

3 身体放松，用脚触球后，减缓球的速度。

4 把球衔接在下个动作的方向。

POINT
支撑腿屈膝，缓冲足球和脚之间的撞击力！

右脚传球！

POINT
把球衔接在能顺利踢球和带球的位置！

脚掌控球

POINT
上半身放松!

1

注视着球,身体面对来球,做好接球准备。

POINT
脚尖翘起,用脚掌触球!

用脚前掌触球,让球停在脚下。

2

小窍门

脚尖翘起,用脚掌触球

想要用脚踩在球的正上方压球,结果却使球滚向身后,这是脚掌控球时容易出现的失误。因此,接球时一定要保持脚尖翘起,这样就很容易做到用脚掌停球了。

翘起脚尖,脚掌和地面形成夹角。

从上面压球,球容易滚向身后。

脚底控球是一种比较简单、方便的接球技巧，它可以很容易地做到让球刚好停在脚下。但是，在遇见速度较快的地滚球时，脚底坚硬的防滑钉容易使球反弹，导致接球失误。

因此，不能因为脚底控球简单就一味地使用这一种技巧，而要思考下个动作如何衔接，根据具体情况灵活运用不同的技巧。

POINT

把球推向容易衔接下个动作的位置！

3

用脚推球，让球轻轻滚动。

4

迅速向球滚动的位置移动，继续下个动作。

指导要点
POINT ☝ 接球时，膝关节弯曲 ⬤

接球时，支撑腿和接球腿都要屈膝，可以说这是每个接球动作都必须注意的要点。所以在训练中，要时刻关注球员的动作是否准确。双腿伸展时，就不能顺利进行下一个动作了。

接球时，双腿（支撑腿和接球腿）的膝关节始终保持弯曲。

双腿伸展时接球，无法迅速进行下个动作。

传球前的控球

要想接球后马上进行下个动作，对停球位置的要求较高。比如说，用右脚接球后想要顺势（用右脚）传球时，就要把球停在右脚稍前的位置。

此时如果把球停在了左脚前或者身体的侧面，那么传球的动作就会受阻。因此，接球时要记得让球停在身体前面、支撑脚的脚尖方向。

右脚传球！

2 支撑脚和身体面向想要接球的位置，触球。

3

POINT
观察球的运行方向，轻轻推球。

想用右脚踢球时，把球停在右脚前面。

4

支撑脚（左脚）踩地，右脚流畅地踢球。

POINT
接球时计划好下个动作！

46

注意身体和支撑脚脚尖的方向

身体和支撑脚脚尖的方向决定了传球的方向。用脚内侧接球，当接球脚与身体、支撑脚的方向成直角时，才可以准确地传球。

身体的方向

脚尖的方向

球的方向

身体和支撑脚的脚尖面向传球的方向。

1 身体正对来球方向，接球脚（右脚）做好准备。

POINT

始终保持和球一起移动！

身体移动带球

能够准确地把球停在衔接下个动作的有利位置后，再继续挑战身体移动带球吧！能做到带球移动的话，接球的准确性和踢球的速度都会有明显提高。

以带球自然、流畅地移动为目标。

支撑脚前如何接球

正面

POINT
身体向支撑脚
（左脚）方向倾斜

POINT
右脚移动
到左脚前！

1 身体正对来球方向，接球脚（右脚）做好接球准备。

2 支撑脚（左脚）脚尖指向左前方，触球。

3 右脚触球后，带球向左边移动。

侧面

一只脚接球后，用另一只脚传球。比赛中，如果有对方球员向你施压，就很难继续用触球脚踢球了，此时，反脚传球就很方便了。身体和支撑脚的脚尖转向要踢球的方向，在触球的同时，触球脚向支撑脚前移动，这样一来，就可以顺利完成传球了。

4 面向滚向反脚（左脚）前的球，身体摆出传球的姿势。

5 以右脚作为支撑脚，踩地后用左脚的内侧准确地传球。

POINT

注视着球，做传球准备！

小窍门

巧妙利用身体的倾斜

要想把球放在反脚前面时，身体也要向反脚的方向倾斜，脑海中想象身体和球一起移动的场景。这样的话，就能准确地带球，也能顺利进行下一个动作。

身体向带球的方向倾斜。

利用身体的惯性继续下一个动作。

脚弓出球①

1 注视着球，从球的正后方正对着球直线助跑。

2 支撑脚在球的正侧面，稳定踏地。

3 踢球脚向外打开，与支撑脚垂直，击球。

POINT
支撑脚的脚尖与出球方向一致！

指导要点 POINT

支撑腿屈膝，保持身体平衡

踢球共同的动作要点是：支撑腿膝关节微屈，踢球脚摆动，以保持身体平衡。
纠正踢球动作时，会不自觉地只看踢球脚的动作正确与否。实际上，支撑脚动作的正确性也不容忽视。

支撑腿的膝关节微屈，支撑踢球脚的摆动作。

掌握了接球后继续传球的动作后，我们接下来要进入踢球技巧的学习。利用脚内侧平面击球的脚内侧踢球是我们首先需要掌握的踢球技巧。

踢球部位

用脚内侧平面踢球，由于这个部位触球面积比较大，所以可以准球地踢球。

4 摆动右脚，把球向正前方踢出。

POINT

踢球脚的脚尖要翘起！

小窍门

踢球脚和支撑脚的位置关系

脚内侧踢球的重点是踢球脚和支撑脚的位置。把支撑脚放在球的正侧面，脚尖指向出球方向；踢球脚打开，与支撑脚成直角，然后触球。同时要注意，踢球脚的脚踝也要固定成直角，脚尖翘起。

直角
踢球脚
支撑脚

支撑脚放在球的侧面，踢球脚打开，与它成直角。

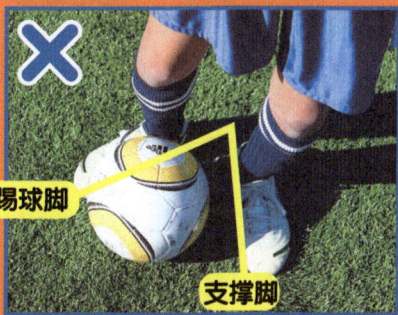

踢球脚
支撑脚

踢球脚与支撑脚形成的角度过小，踢球时空间受限。

支撑腿若笔直站立的话，身体晃动，踢球脚不能用力摆动。

51

脚弓出球②

小窍门

踢球脚向前踢出

脚内侧踢球的重点是保证踢球的精确性。脚内侧触球面积大，踢球脚向前用力摆动，击中目标。当踢球脚晃动或者有些偏斜时，就会影响出球方向的精确性。因此，在练习时要多加注意。

集中注意力，踢球脚果断地击球。

踢球脚倾斜摆动时，就无法正确触球。同时要注意身体和支撑脚的方向。

1 目视足球，从球的正后方正对着球直线助跑。

用脚弓踢球时，支撑脚的脚尖指向击球方向，踢球脚打开，与支撑脚成直角，击球时摆动踢球脚。此时，踢球脚不要急于出脚，而是要顺着球的方向击球，把球送出后收脚。但这时候，踢球脚的摆幅会相应变小，因此要增加击球力度，把球用力送出。

POINT
在踢球脚的摆幅变小的同时，果断迅速地击球！

POINT
结束动作中，脚内侧面向出球方向！

POINT
支撑腿的膝关节微屈，保持身体平衡！

2 支撑脚的脚尖指向目标（出球方向），稳定踏地。

3 用与支撑脚成直角的踢球脚内侧平面触球。

4 踢球脚摆动，把球笔直地踢向前方。

基础篇 7 如何踢出距离远、威力大的球

脚背正面踢球①

1

确定目标，从踢球方向的斜后方助跑。

脚背正面踢球就是用脚背部位触球发力，因此踢球的力量大，可以用于踢出较远距离和较长路线的球。脚背正面踢球的要点是掌握助跑技巧和找准击球点。

POINT
双臂自然张开，保持身体平衡！

2

支撑脚踩在球的侧面，抬起踢球脚。

POINT
支撑脚用力踏地，支撑身体的重量！

踢球部位

用脚背稍微向内的部位触球。这样可以踢出力量较大的球。

3

用脚背部位用力击球！

指导要点 POINT

触球时脚要倾斜

用脚背正面踢球时，有的球员会直接脚踩地面踢球，但是如果踢球脚不能顺畅地摆动，踢球时可以将脚背略微倾斜。这个动作也可以使触球更加顺利，加大踢球脚的摆幅和摆速。

脚背稍微倾斜更容易触球。

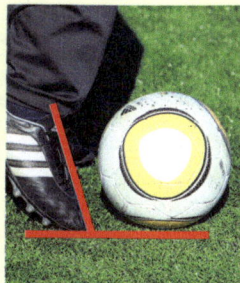

踮起脚尖踢球的方法因人而异。

小窍门

从侧后方助跑

用脚内侧踢球时，从球的正后方助跑比较容易踢球。而用脚背正面踢球时，要从球的侧后方助跑，这样踢球会比较顺畅，而且踢球脚可以尽情摆动。

从球的侧后方助跑，准备踢球。

4

击球后，踢球腿应继续前摆。

脚背正面踢球②

脚背正面踢球动作分解

POINT 从踢球方向略斜向后方助跑！

POINT 踢球腿要像画圆圈一样摆动！

脚背正面踢球的特点：从踢球方向略斜向后方助跑，踢球腿像画圆一样摆动。

POINT 从正后方助跑！

POINT 用脚内侧正面击球！

脚内侧踢球动作分解

脚内侧踢球的特点：从球的正后方助跑，踢球脚果断击球。

我们通过比较脚背正面踢球和脚内侧踢球动作的不同点，来掌握脚背正面踢球的特点吧！这两种踢球技巧最大的不同点就是：脚内侧踢球时，踢球脚向前直线摆动，击球部位正对踢球方向；脚背正面踢球时，踢球脚要像画圆圈一样大幅摆动。我们知道二者踢球脚的摆动方法不同，助跑和支撑脚的位置也有所不同。

指导要点 POINT

"支撑脚和球的位置关系"与"触球时踢球脚的膝盖动作"

左面的照片可以帮助我们更加清晰地观察到这两种踢球技巧的特点。具体来说，两张图中"支撑脚和球的位置"与"触球时踢球脚的膝盖动作"各不相同，因此，我们在指导中要让球员知道出现这种差异的原因。

脚背正面踢球

脚弓踢球

支撑脚和球的位置

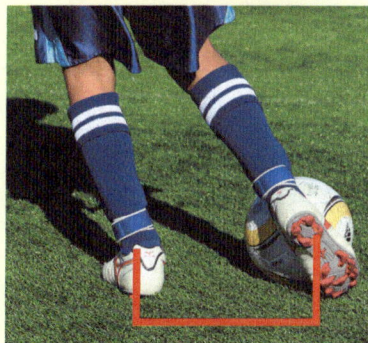

支撑脚的着陆点与球保持一定距离，以保证踢球脚可以回旋摆动。

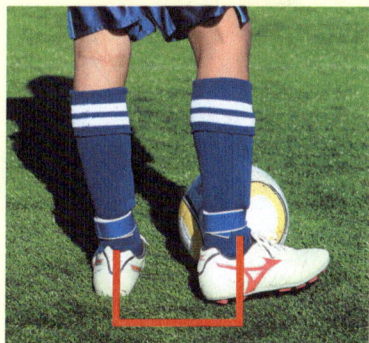

支撑脚的着陆点在球的正侧面，双腿开立，这样踢球脚就很容易把球踢出去了。

触球时膝关节的动作

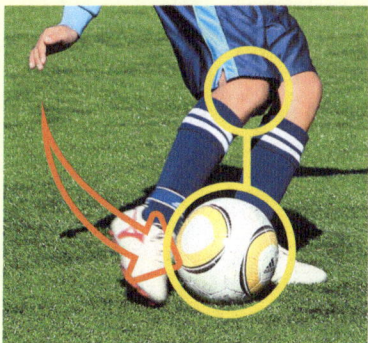

触球时，踢球腿的膝关节前屈，位于球的正上方，这样可以踢出力量大的直线球。

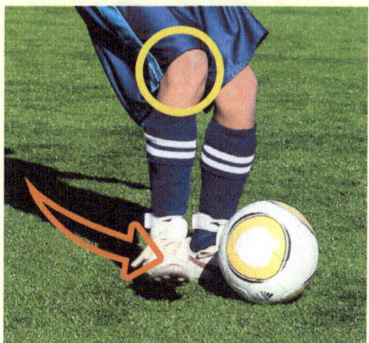

踢球腿的膝关节（脚尖）外转，踢球脚和支撑脚成直角，脚内侧正对着球。

第二部分

传球与控球

脚背外侧踢球①

击球部位

用脚背外侧击球。

指导要点 POINT 让球员了解出球的特点

每种出球技术的速度、准确性、力度都各有不同。在训练中，首先要让球员了解脚外侧踢球的特点是在跑动中膝关节以下小幅摆动，把球踢向身体外侧。如右图所示。如果想在正式比赛中熟练应用这项技术动作，在平时的练习中就应该和传球练习配合训练。

1 支撑脚（左脚）踏在球的斜后方。

2 踢球脚（右脚）小腿向上摆动。

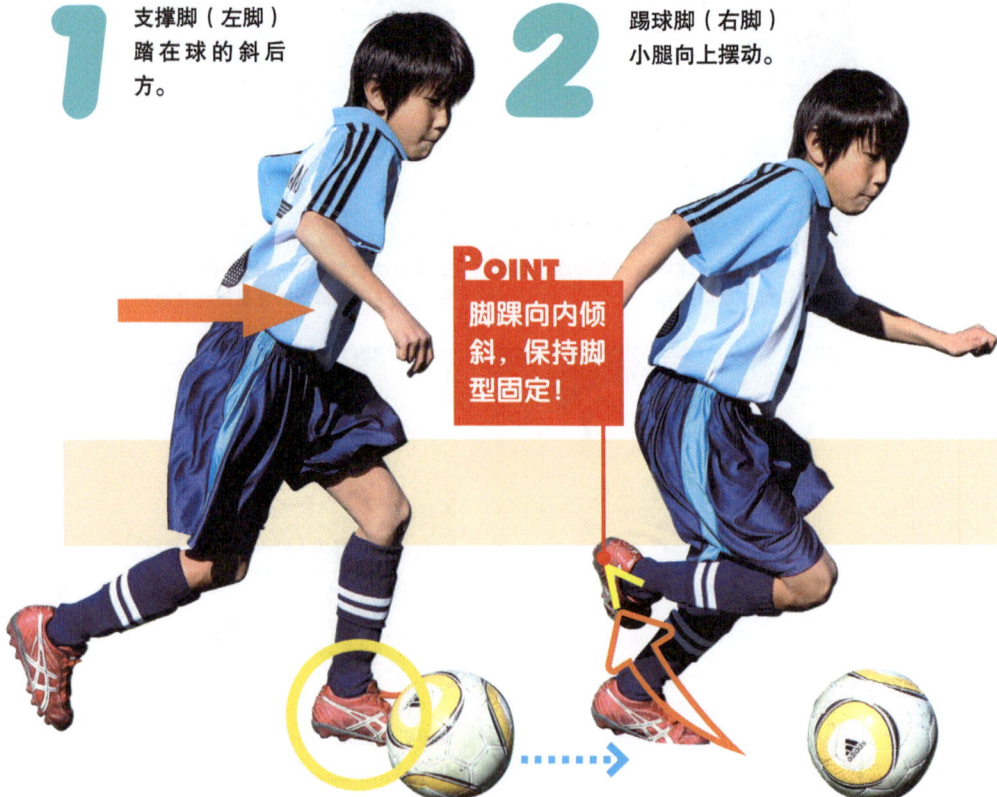

POINT 脚踝向内倾斜，保持脚型固定！

脚背外侧踢球是指用脚背外侧的平面部分触球的一种技术动作。它的一大特点是，能把球踢向与身体不同的方向。

以实际比赛为例，脚背外侧踢球是当自己的身体面向前方，而要向自己侧面（左右两面）的队友传球时使用。比赛中常用于短距离传球和"二过一"的配合。让我们通过小腿的快速摆动，把球踢出去吧！

前面有对方球员防守时，跑动的同时要用脚背外侧传球。

出球后，立即前插准备接球。

接到队友回传的球，完成"二过一"传球。

3 踢球脚向侧前方倾斜，用力击球。

4 踢球腿顺势前摆着地，继续跑动动作。

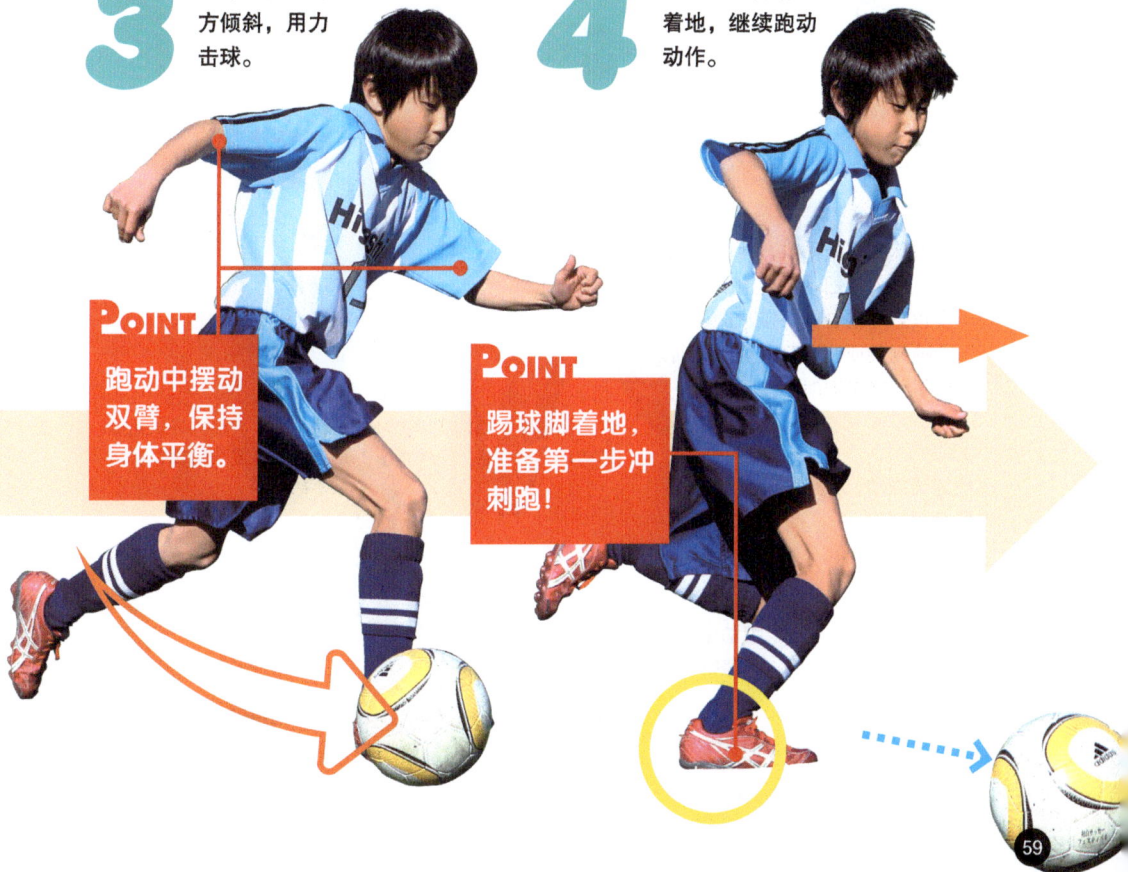

POINT
跑动中摆动双臂，保持身体平衡。

POINT
踢球脚着地，准备第一步冲刺跑！

脚背外侧踢球②

脚背外侧踢球隐蔽性较强，不容易被对方球员识破意图，实用性较强。但是要想正确传球，就必须掌握传球技巧。首先，支撑脚要踩在球的斜后方。脚背外侧踢球和别的踢球动作不同，踢球时，踢球腿要从身体内侧向外侧摆动，所以，要确保有足够的摆腿空间。其次，踢球脚的脚踝要向内转，保持脚踝紧张，击球的一刹那，脚型要保持相对固定。

1 支撑脚踩在球的斜后方，踢球脚抬起。

POINT
小腿上抬，保持脚踝固定！

2 小腿加速摆动，把球踢向斜前方。

POINT
踢球时想象自己在把球推送向身体的外侧！

3 跑动中踢球脚落地，顺势往前奔跑。

支撑脚踩地位置

支撑脚踩在球
的侧后方。

球

支撑脚

支撑脚和球之间保持一定距离，才能保证踢球脚
有足够的摆动空间。

小窍门

踢球时固定脚踝

脚背外侧踢球时，要注意踢球脚的脚踝内
转，保持脚踝紧张，只通过小腿的快速摆
动把球送出。踢球的瞬间脚踝晃动，脚形
不稳，会影响击球的准确性，而且，踢球

时脚踝没有内转的话，就会踢到球的下
方，踢出的球会变成空中球，所以大家在
练习时要多加注意！

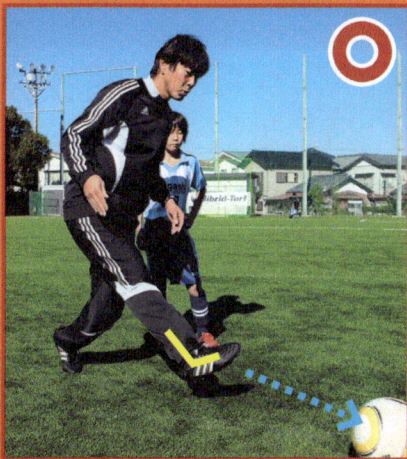

要时刻记得踢球时保持脚踝固定，直
到动作结束。

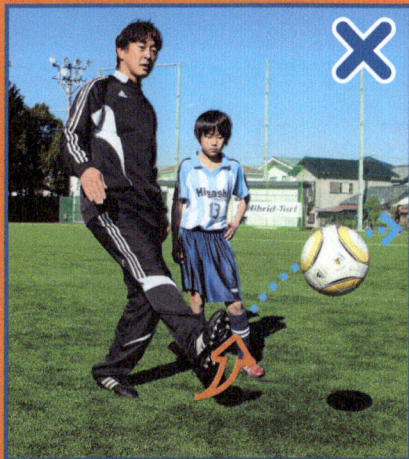

脚踝放松时踢出的球是空中球。

上前控球双人传球

练习目的　不是单调地重复传球，而是通过传接球，培养运动中控球的能力。

练习标准

10分钟或1人传接**20**球为1组

练习方法

分为两个小组，各自相隔 20 米列队排开，在队伍的前方 3 米处放置标志盘。

3m　20m　3m

以自己面前的标志盘为起点跑向下一个标志盘，接球后带球前进，把球传给队员，重复练习。

3 观察对方的动作，准确传球。

2 跑动中不要让球离开自己的控制范围。

1 传球的同时跑向标志盘。

带球过人后对面传球

练习目的 培养当对方球员靠近施加压力时，巧妙地带球过人后传球的能力。

练习标准

10分钟或1人**20**次为1组

练习方法

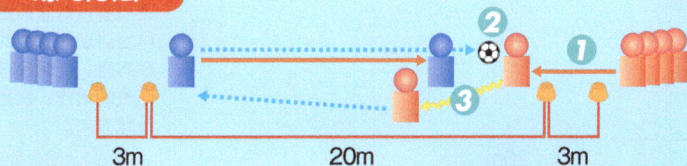

3m　　　　20m　　　　3m

以上一页介绍的面对面的方式传球后，传球队员出列，扮演防守的角色。

练习小贴士

和教练一起完成"二过一"传球

如果教练站在互相传球训练的球员中间，接球球员不但可以练习带球过人，还可以把球传给教练，这时就能练习"二过一"传球战术，突破防守。大家可以积极尝试一下！

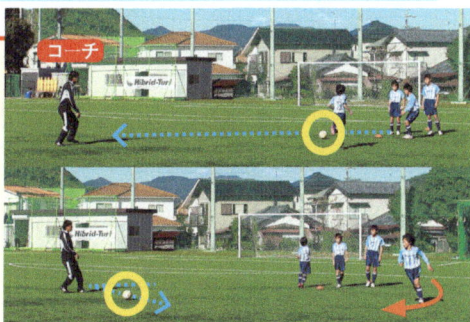

把球传给教练，采取"二过一"战术突破防守。

3 带球过人后传球。

2 传球脚挡在球前。

1 跑到盯防球员身前的话，不容易触到球。

默契配合双人传球

练习目的 传球时，持球队员和接球队员要互相配合。这个练习可以培养双方把球准确地传向预定地点和准确接球的能力。

练习标准

10分钟或1人**20**次为1组

练习方法

5m

20m

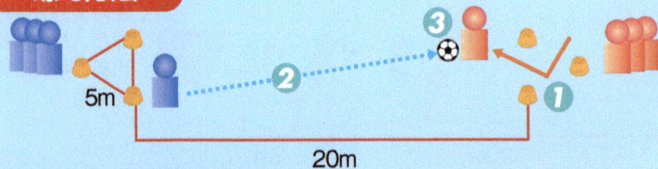

以持球队员为例，要观察接球队员跑向左边还是右边的标志盘，配合接球队员的动作，决定传球方向。

1 确认对方要从右边的标志盘折返。

2 将球传向自己左手边的标志盘。

3 对方刚好接到来球。

指导要点 POINT

时刻"观察"对方的动作

为了找准传球的方向和传球的时机，持球队员和接球队员要时刻关注对方的动作。如果接球队员有一套固定的暗号或手势动作，可以让持球队员更加准确地理解接球队员的动作和意图。

抬头观察对方的动作，捕捉对方的意图。

掌握正确的踢球姿势

练习目的　了解踢球的各种规范要领，比如支撑脚的位置、踢球脚的摆动幅度和摆速，等等。要让教练检查球员的踢球动作是否规范。

练习标准　**5**种踢球姿势为 1 组

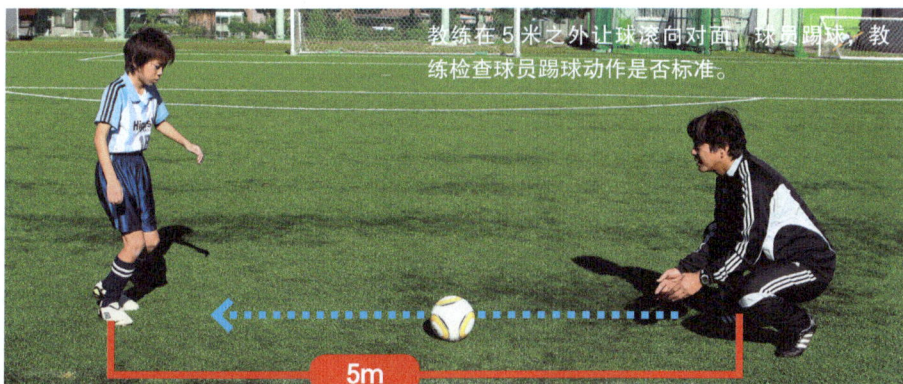

教练在 5 米之外让球滚向对面，球员踢球，教练检查球员踢球动作是否标准。

5m

检查重点

❶ 支撑脚的踏地位置和脚尖的方向是否正确。

❷ 踢球时脚踝是否固定不动。

❸ 上身的平衡度和双臂的摆动是否正确。

❹ 支撑腿的膝关节是否起到了缓冲作用。

❺ 踢球脚的摆动轨迹是否和出球方向一致。

❻ 是否用脚部的正确部位触球。

❼ 球是否准确地传给了对方。

如果能对空中球应对自如，你的实力会更上一层楼！

接空中球的重点是，根据来球的高度不同，接球时可以选择用大腿、胸部、弹跳等相应的接球方法。

要点 1 **用身体的各个部位接空中球**

在足球比赛中，球员接到的不仅有地滚球，还有反弹球和空中球。少年球员中，大多数情况下接空中球技术如何会决定一场比赛的胜负，所以我们要熟练掌握这项技能。

而且在正式比赛中，必须进行长距离传球和空中传球，这也是我们要掌握的重点。

要点 **2**

灵活使用不同的接球技巧

根据不同情况，选择让空中球落在脚下，或让球轻轻弹起。

要点 **3**

踢出空中球

比赛时需要适时踢出空中球。此外，还必须灵活运用直线球和曲线空中球等技术动作。

大腿接球

接球腿后撤，让球落在脚下

1

看准球的落点，腿（右腿）轻轻上抬。

2

在大腿中前部触球的一刹那，接球腿迅速后撤。

POINT
支撑腿的膝关节微屈，增强缓冲效果！

POINT
上身也微微前倾

4

迅速衔接下一个动作（踢球等）。

POINT
尽量不要让球落地后反弹！

3

缓冲来球的力量后，让球自然地落在脚下。

大腿最适合接腰部以上高度的空中球。大腿前面的肌肉厚实、有弹性，用大腿触球后可以缓冲来球的力量。大腿触球有两种方法：其一是触球的瞬间，接球腿迅速后撤，让球落在脚下（紧密衔接下一个动作）；其二是让球处于空中（为下一个动作争取时间）。这两种方法，我们都要熟练掌握。

大腿抬起，让球处于空中的接球方法

POINT
让球上升到衔接下一个动作的位置！

POINT
调整角度，让球处于空中！

POINT
用支撑腿的膝关节和双臂保持身体平衡！

1 看准球的落点，身体正对来球。

2 腿轻轻抬起，用大腿的前面接球。

3 让球轻轻弹起，准备进行下一个动作（右脚踢球）。

小窍门

让球弹起后，用右脚接球

让球弹起后比较容易衔接下一个动作

接球后让球轻轻弹起，可以为大腿的第一次触球和第二次触球争取缓冲时间，所以可以从容不迫地、准确地进行下一个动作。根据场上的不同情况，可以灵活使用大腿接球后让球落地或者让球弹起这两种方法。

练习中就要有接球后衔接下一个动作的意识。

69

胸部接球

当来球是腰部以上的高空球时，可以用胸部接球。胸部接球和腿部接球（见第 68 页）一样，根据衔接下个动作用时的不同，可以分为把球停在脚下和让球停在空中两种方法，在实际操作中要熟练掌握。

想让球落在脚下，选择收胸式接球；想让球停在空中，选择挺胸式接球。

收胸式接球，让球落在脚下

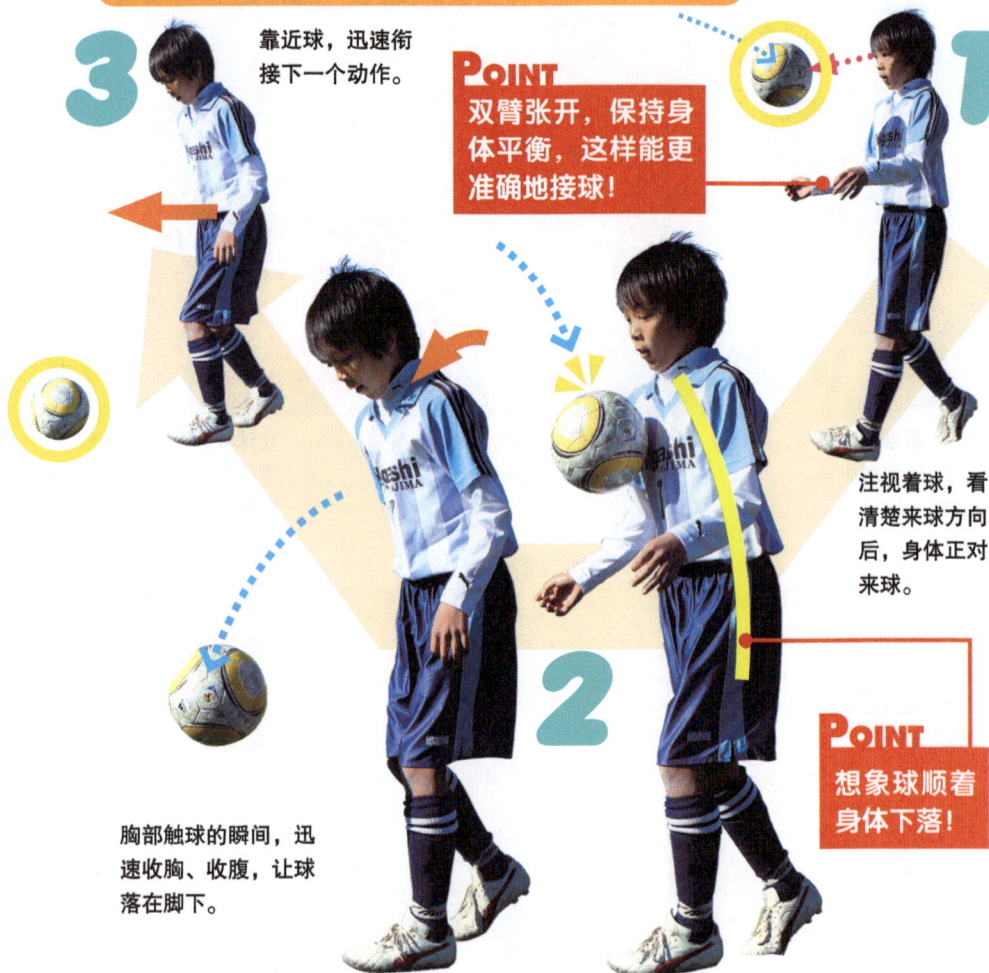

3 靠近球，迅速衔接下一个动作。

POINT 双臂张开，保持身体平衡，这样能更准确地接球！

1 注视着球，看清楚来球方向后，身体正对来球。

2 胸部触球的瞬间，迅速收胸、收腹，让球落在脚下。

POINT 想象球顺着身体下落！

小窍门

呼气和憋气

胸部接球成功的窍门在于呼吸。想让球落在脚下时，就要在胸部触球的瞬间，深呼一口气，让胸部收缩；想要让球停在空中时，就要屏气凝神，挺胸，用胸部托起球。

呼气！

接球的一刹那呼气，胸部会自然收缩。

接球时憋气，胸部会自然展开，挺胸。

挺胸式接球，让球轻轻弹起

3

随着球落地，迅速衔接下一个动作。

1

POINT
下巴微微回收！

注视来球，双腿膝关节微屈，身体面向来球。

2

以胸部托住球的下部，让球轻轻弹起。

POINT
用胸部左右有肌肉的地方触球！

71

接反弹球

脚内侧接球

1

观察球运行的轨迹，准备接球。

小窍门

用脚内侧推压球的侧上方

接反弹球时，重要的是看准球落地反弹的时机，用脚内侧推压球的侧上方。

接球时，用脚内侧推压球的侧上方。 ◎

POINT

身体转动方向与出球方向相反！

如果从球的侧面击球，脚会钻到球的底部。 ✕

2

身体向回转的同时，抬起右脚。

POINT

用脚内侧轻轻推压球的侧上方！

3

在球落地反弹的一瞬间，用脚压球。

4

把球踢向左边，迅速进行下一个动作。

有时候，空中球会落在脚下。遇到这种情况的时候，等球落在地面上反弹起来时（反弹球），脚从侧上方推压接球，就可以让球停在脚下。

接反弹球时，可以用脚内侧接球和脚背外侧接球两种方法，这两种方法都要熟练掌握。

小窍门

身体倾斜压球

脚内侧接球和脚背外侧接球的共同点是：身体向想要带球的方向倾斜，全身配合接球。

身体倾斜，压球前进。

脚背外侧接球

1 球落地的同时，右脚向左侧抬起。

2 调整身体角度，让球落在自己的正前方。

3 右脚摆动，在球弹跳的瞬间压球。

POINT
用脚背外侧触球的侧上部。

把球踢向右边，迅速进行下一个动作。

4

组合动作接球

胸部➡脚内侧

1

仔细观察空中球，身体面对来球。

2

胸部

胸部触球，缓冲来球的力量。

3

注视要落在脚下的球，右脚准备。

POINT

身体和球转向右侧！

4

POINT

当对方球员在自己身体左侧时有效果！

脚外侧

用脚外侧接反弹球。

5

带球衔接下个动作。

DF

74

用胸部（见第70页）或大腿（见第68页）接到空中球后，如果球落地后反弹高度较高，会面临对方球员接近夺走控球权的危险。此时，找准球落地反弹起来的时机，通过接反弹球（见第72页）把球传向自己的两边，这样就可以顺利进行下个动作了。因此，大家也要时刻记得各种接球技术的综合应用。

POINT

当对方在自己右侧时适用！

4

脚弓

用脚弓接反弹球。

DF

3

注视着即将落在脚下的球，右脚做击球准备。

POINT

身体和球迅速向左侧移动！

5

球没有反弹，带球前进，继续下一个动作。

大腿➡脚背外侧

大腿

2

用大腿轻轻触球。

1

身体正对到腰部高度的空中球。

脚背正面踢球（空中球）

POINT
从球的侧后方助跑，踢球脚更容易发力！

1 从球的侧后方直线助跑。

2 支撑脚（左脚）稳定踏地，用力踩在球的侧后方。

击球部位

用脚背拇趾根突出的部位敲击球的中下部，这样可以踢出空中球。

小窍门

用脚背敲击球的中下部

脚背正面踢空中球的基本方法和踢地滚球的方法相同。但是，踢空中球时，击球点不在球的中上部，而在球的中下部。此外，要想长距离传球，就要加大踢球脚的摆幅和摆速，这样踢出的球力量更大！

正式比赛中，不仅会有踢地滚球这种传球方法，还会遇到让球越过对方球员头顶，把球传给自己队员的情况。这种情况下，踢空中球是正确的选择。技术要点是：先用脚背正面敲击球的中下部，踢出空中球。踢球脚的力量要比踢地滚球时大，这样才能让空中球笔直地飞向目标位置。

如果触球部位在球的正下方，会踢出直线空中球。

POINT
上身向出球的反方向倾斜，这样更容易踢出空中球。

3 用脚背拇趾根附近的部位击球。

4 用力把球送出。

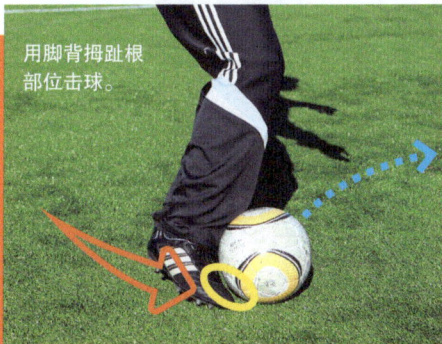

用脚背拇趾根部位击球。

球

踢球脚

踢球脚用力前摆。

脚背内侧踢球（弧线球）

1 从球的侧后方助跑。

脚背内侧踢球可以踢出弧线轨迹的空中球。当比赛中遇到自己面前的对方球员阻挡，不能踢出直线空中球时，可以踢曲线球，绕过对方的身体把球传给队友。

击球时通过从球的后下方触球，让球在空中做弧线运行。在练习中要准确掌握自己踢出的弧线球的弧度大小。

3

2 支撑脚（左脚）踩在球的侧后方。

POINT
为了让球悬空，击球点必须在球的下部！

用脚背内侧（拇趾根部位）击球。

小窍门

脚尖翘起将球击起

脚背内侧踢空中球时，踢球脚脚尖插入球的下部击球。击球后，踢球脚的随前动作也与脚内侧踢球有所不同。

为了让球弧线运行，要用脚尖从球的下方向右上方（踢球脚是右脚时）击球。击球的瞬间脚尖翘起，就能顺利踢出空中球。大家可以积极尝试！

支撑脚在球的侧后方踏地，踢球脚向前摆动。

拇趾脚尖贴近球的中下部。

脚尖翘起击球，让球悬空。

4

通过从球的正下方把球挑起向右上方击球，可以增加弧线球的旋转速度。

用力摆腿，把球踢向右上方。

用脚背内侧拇趾部位击球。

击球部位

79

双人空中球接球练习

练习目的 用胸部、大腿准确地接到近距离抛来的空中球，练习接球的正确姿势。

练习标准

3 分钟或 **20** 次为1组

用胸部接空中球。

5m

两人相距5米左右，面对面抛球。

接球后直接把球传给对方。

当空中球的高度到腰部时，用大腿接球。

练习小贴士

指定接球部位

有的球员会很快掌握接球技术。此时，可以通过让抛球人指定接球人的接球部位提高训练难度。

空中球的接球与出球

颠球转接球练习

练习目的 学习如何接反弹球。可以单独进行颠球转接球练习。

练习标准

3分钟或**10**次为1组

完成一定次数的颠球后，把球高高踢起，观察球的落点。

确认每次是否接到反弹起来的球，重复此项训练。

练习如何用脚背正面踢球击中球门横梁

练习目的　用脚背正面踢出空中球。以正确的姿势保证球的飞行高度和飞行轨迹正确。

练习标准

依次 踢球，决出 胜负

练习方法

把球放在罚球区的横线上，球员们依次踢球。击中球门横梁的球员获胜。

罚球区横线

球门横梁

让球正确飞出，向球门横梁方向笔直击球。

指导要点 POINT　踢球时要沉着冷静

可以抱着玩耍的心态踢球，但是没做好准备就慌忙踢球的话，会导致踢球姿势不准确，难以达到预期效果。踢球时要保证姿势准确，冷静出脚。

练习如何用脚背内侧踢出弧线球

练习目的 用脚背内侧踢出弧线球。想象球运行的弧形轨迹，确认自己踢出的球是否与预期一致。

练习标准

依次 踢球，决出 **胜负**

练习方法

将球门线上的球曲线踢出，射进球门。把球射进球门的球员获胜。

注视踢出去的球，确认出球的弧度是否准确。

指导要点 POINT 让球员想象球的运行轨迹

每个球员出球的弧度各有不同。因此，在踢球前要尽可能让球员清晰地想象出球的运行轨迹，然后再摆腿踢球。出球后，观察球的实际运行轨迹与自己想象中的预期轨迹的偏差。

用脚的各个触球部位踢球

练习目的 在对面传球和模拟练习中有意识地用脚的各个部位踢球。在练习中掌握各种踢球方法的特点，在实际比赛中加以灵活运用。

练习标准

游戏中 **自由** 切换

脚的踢球部位及特点

脚跟
脚跟部位。用脚跟踢球时，可以做到出其不意。

脚背外侧
脚外侧的平面部位。通过小幅度的踢球动作，使击球的方向与身体方向不同，具有一定的隐蔽性，所以经常用于传球和射门。

脚背内侧
位于脚背内侧，是脚拇趾根部位。可以踢出空中球和弧线球，常用于传球和踢任意球。

脚弓
脚弓面积比较大的部位。脚内侧触球面积大，触球平稳，所以在实际比赛中用途比较广泛。

脚尖
脚尖部位。踢球动作小，起脚出球较快，比赛中可以起到意想不到的效果。但是准确性较差。

脚背
脚背拇趾根部骨头突出的部位。踢球力量大，一般用于传球和射门等。踢球时要兼顾踢球力度和准确性。

控球与射门

Control & Shoot

如果能够准确接到队友传球，就可以提高成功射门的概率

要思考在球门前怎么接从前后左右各个方向传来的球，在哪个位置接球更容易射门。

1 要点 **控球**

2 要点

足球比赛中最重要的是争夺控球权。球门区内、球门区附近的射门模式大多是接到队友传来的球后迅速射门。

为了衔接射门动作，今天我们要学习的是接到不同方向来球的技巧和接到球后迅速越过对方防守队员的技巧，等等。

带球的同时越过对方球员，此时的重点是瞬间确认自己到球门的距离和球场状况。

观察场上情况，选择最佳的踢球方式，同时，更重要的是，要有意识向守门员（GK）防守不到的区域接到"最后一传"，完成射门。

确定球门位置

要点3 果断射门

接前面来球射门

POINT
双臂张开，保持
身体平衡！

确认球门
方向！

4
支撑脚（左脚）
准确踏地，进入
射门准备姿势。

3
抬头确定球门和
守门员（GK）
的位置。

5

POINT
踢球脚不要
晃动，迅速
击球。

踢球脚（右脚）脚踝
保持固定，射门。

接前面来球时

B

A

跑向球门的 A 向队友 B 传球后再接回
球。A 从球门侧面带球射门。

这项训练是球员向对方球门跑动途中接身体前方来球后射门。过人回传接球、队友从左前方或右前方向后传球给自己时，就是接前面来球。

这项训练中，可以面对来球正面接球，所以在训练中要注意把球正确地停在容易射门的位置。

2 把球停在身体右前方。

1 做好准备姿势，准备接队友传来的球。

POINT
把球带到可以射门的位置！

小窍门

小腿急速摆动

大家遇到过这种情况吧？顺畅地接到球后，把球带到容易射门的位置，可是准备射门时，因为用力过大导致球悬空飞起。射门时要注意踢球腿不能大幅度摆动，而是要让小腿加速摆动。

上身放松，只有小腿加速摆动。

第三部分

控球与射门

89

接侧面来球射门

这是在球门前接到从侧面传来的球后进行射门的技术动作。面对对方球员的防守，要在一次接球后，带球跑动，甩开对手。

此外，观察自己与球门的距离和球场状况，灵活选择用脚内侧踢球射门，或者脚背正面踢球射门。

POINT

确定球门周围情况后决定射门方法！

4

瞬间确定球门位置，迅速击球。

5

防守队员阻碍之前迅速射门。

小窍门

熟练应用各种射门技巧

距离球门比较近时，选择脚内侧踢球，把球准确地射进球门；距离球门较远时，选择脚背正面踢球，因为击球的力量比较大。在练习中要不断确认自己踢球的力度、距离和准确性。

1

在球门前接队友侧方传来的球。

向右带球射门！

3

2

身体转向球门方向的同时接球。

看到对方球员的动作后，选择在身体右前方接球。

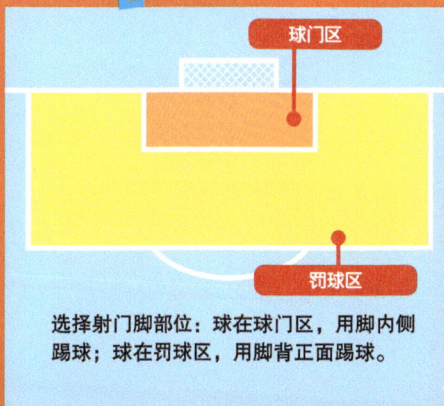

球门区

罚球区

选择射门脚部位：球在球门区，用脚内侧踢球；球在罚球区，用脚背正面踢球。

球门区

距离球门比较近时，要选择用脚内侧踢球，这样准确率较高。

罚球区

距离球门较远时，选择用脚背正面踢球，踢球力量大。

91

接身后球后射门①

背对对方球员，让队友纵向传球。

用脚内侧接球，脚内侧与出球方向保持一定角度。

接身后来球时

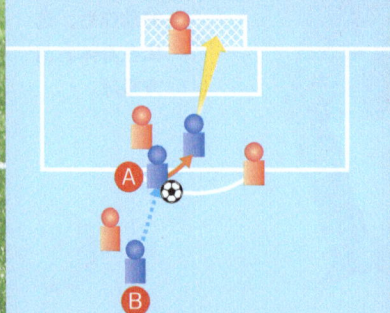

接到 B 的纵向传球后，A 防守对方的同时，用脚内侧接球后迅速转身。带球跑动，甩开对手后射门。

POINT

降低身体重心，阻挡对方。

球　身体　对手

自己站在对手和球的中间

为了防止对手伸脚够球或抢夺球，接球时要让自己的身体阻挡在对方和球之间。

盘带时要有这种意识：转身的同时迅速跑向能射门的位置。

一般情况下，球门前的防守都比较严密，此时就可以背对着对手接到队友的传球。接球后，巧妙地突破对手防守并转身，确定球门位置后迅速射门。

接下来我们要介绍的是，用脚内侧接队友的来球后，甩开对手迅速转身射门的方法。

3

POINT

迅速转身，甩开对方！

转身甩开对方球员，
确认球门方向。

4

注视着球，把球踢
向预期位置。

接身后球后射门②

接后方来球时

转身甩开对方球员，确认球门方向。

接到B传来的纵向来球后，A背对对方，防守的同时用脚背外侧接球并迅速转身。甩开对方球员后带球射门。

3

POINT
要向对方推挤的反方向转身！

注视着球，向预想的目标方向射门。

4

指导要点 POINT 借助对方的力量

背对对方接球的时候，要养成一个习惯：一边把身体重心放低，阻挡对方上前，一边用手和胳膊随时确定对方的位置。此外，对方球员也会靠近并推挤带球人，我们可以反过来利用他推挤的力量向其反方向转身。

在背部阻挡对手走位的同时接队友传球的训练中，这次介绍的是用脚背外侧接球向反方向转身的技巧。

背部阻挡对方球员时，如果熟练掌握从左右任何方向都能转身带球的技术，它将成为大大提高球门前射门机会的撒手锏。降低身体重心，严密防守对手的同时，密切关注球的动态。

2

1

背对对方防守，
让队友纵向传球。

POINT

用手和双臂确认
对方的位置后决
定转身的方向！

脚背外侧保持一定角
度接球。

| 对方 | 身体 | 球 |

脚背外侧踢球转身

脚内侧踢球转身

如果对方从左边进攻，向右边转身！

如果对方从右边进攻，向左边转身！

95

撞墙球的控球和射门

练习目的 要正确意识到，接到传球后继续控球，寻找射门机会。

练习标准 **10**分钟或1人**15**次为1组

接回传的撞墙球后射门

守门员 3
撞墙队员 2
1
射门员

向撞墙配合的队员传球，射门球员接到回传后射门。

1 向充当墙壁的教练传球后跑动。

控球躲过防守后射门

守门员 4
撞墙队员 3
1
射门员 2

踢出回传球的球员转为防守角色，上前抢球。

1 向充当墙的队员传球后，接回传的球。

POINT
带球时，脑海中要计划好射门路线！

2 控球时，关注防守球员的动作。

96

练习小贴士

接各种各样的回传球

当教练充当人墙角色时，接回传球可以有各种形式：可以在接到回传球后用手抛球，让球反弹起来，也可以用脚尖踢出空中球，等等。通过此类练习，可以让球员在球门前不管遇到什么球都可以临危不乱，迅速做出反应。

用手抛球，让球反弹起来，或用脚尖踢出空中球。

把球向后推送，射门

2 控球时，脑海中要描绘出射门的情景。

3 向预定的路线射门。

3 带球躲过对方后，马上确定球门方向。

4 向预定路线射门。

跑动中的控球与射门

练习目的　跑进三角路障中，接到传球后向不同方向控球，学习如何在球门前移动。

练习标准　**10**分钟或1人**15**次为1组

POINT
控球时想象如何顺利通过三角路障！

1 把球传向三角路障中，然后跑进路障范围中。

2 控球时注意，不要撞到三角路障。

指导要点 POINT 👆 从不同的位置出球

控球队员不仅可以从路障摆成的三角形的斜后方出球，也可以从侧面出球。同时，在实际指导中，可以让射门球员在路障前或三角形范围内控球，等等，尝试各种控球射门技巧。

接侧面来球后，不经过路障中间，直接从里面（右面）跑出。

98

练习方法

在罚球区前用3个路障组成一个三角形空间。教练或球员向三角形里传球，射门员跑步上前，控球射门。

传球队员

射门员

① ② ③ ④

守门员

POINT
马上判断球门周围情况！

3 确认球门前的情况（距离和守门员的位置）后，选择射门路线和踢法。

4 向预定的路线用力射门，确认球是否射进球门。

POINT
在路障前停球，改变带球方向。

侧面接球后，从路障前（左面）带球离开。

啊！

如果不调节跑动的节奏，会造成控球失误，练习时要多加注意。

配合传中球射门的 **3** 个要点

接到球门前的传中球后直接射门！

因为要直接射门，所以让队友传球给自己时要确认好自己的位置，不管是哪种传中球，都要确保自己能接到球。

球门距离比较近，选择准确性高的脚弓射门！

要点 1 呼唤队友传球

要点 2 选择射门方式

我们要掌握如何在接到从左右两边逼近球门前方的传中球后，直接射门的技巧。接到队友传来的球后，不选择控球，而是选择在跑动中直接射门，所以这项技巧的难度很高。但是一旦掌握了这项技巧，在比赛中它会成为强有力的武器。

确认来球的速度、下落点（空中球），用正确的姿势把球踢向守门员防守不到的地方。要做到这一点，还需要球员们勤加练习。

要点是根据球门前的情况和传中球的位置，瞬间决定最恰当的射门方法。

用错误的射门姿势，球肯定不能射进球门。因此射门的要点是，要掌握正确的射门姿势，把球踢向球门内。

3 要点 掌握正确的射门姿势

101

脚弓推射①

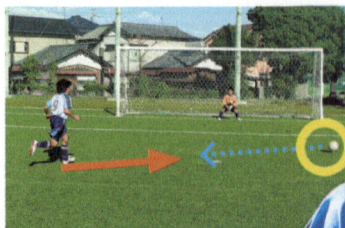

跑到球门前时，球刚好传向自己的方向，此时应该用脚弓推射。

2

看清球的动向，全力助跑。

1

接到传中球后，瞬间确认球门的情况。

POINT
要估计自己跑动的速度与球的方向和速度！

指导要点 POINT　能够完成球门前射门的 3 个地点

接传中球后，容易射门的 3 个地点分别是：距球所在的位置较近的近端和距离较远的远端，以及位于中央的中端。
在训练中，要让球员们随时关注这 3 个位置是否有空当。

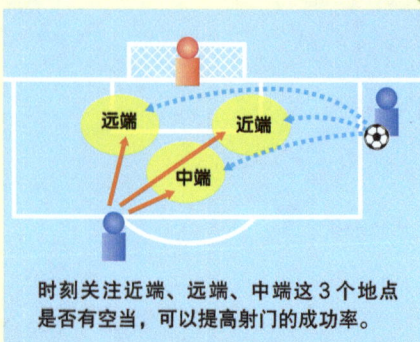

远端　近端
中端

时刻关注近端、远端、中端这 3 个地点是否有空当，可以提高射门的成功率。

向球门跑动时，遇到传向自己的传中球，这时就可以用脚弓推射。确认球门状况后，用与横传球来向一致的脚弓把球推射向无人防守的路线。

踢球脚不要大幅度摆动，用身体护住球，然后触球。射门时脑海中可以想象，是向球门空当的地方"传球"。

3

看清球的动向后，支撑脚踏地，做好射门准备姿势。

POINT

踢球脚摆幅不要过大！

4

身体保护着球，踢球脚不要大幅摆动，用脚弓射门。

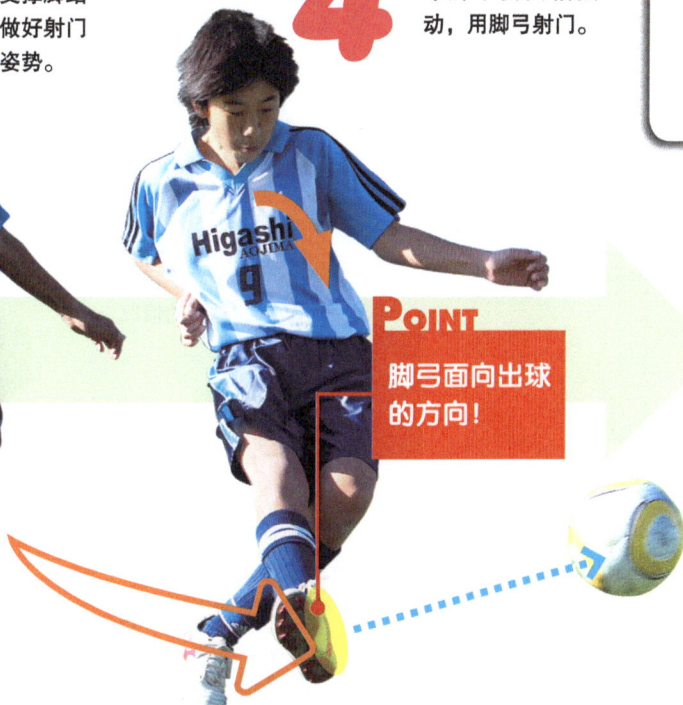

POINT

脚弓面向出球的方向！

小窍门

视线不要离开球，身体前倾触球。

接传中球后射门时容易出现的失误，就是在击球前视线离开了球，导致踢出空中球或者没踢到球。触球前要一直注视着球，身体前倾，顺势出脚。

注视着球，身体前倾射门。

视线离开球或者身体后倾的话，会导致射门失误。

脚弓推射②

向远端跑动时，刚好遇到球速很快的传中球，可以用脚弓推射。

跑动中瞬间确认球门的情况。

2 支撑脚踏地，做好左脚射门的准备姿势。

POINT
仔细观察在眼前滚动的球！

POINT
用与来球侧相反的另一只脚触球！

小窍门

一定速度的助跑

一般情况下传中球的速度比较快，所以球员们要记住，与其等待球经过自己的面前，不如自己主动追球。为了让球位于自己踢球脚的前面，球员要以一定速度跑向来球。

以一定速度跑向来球，射门速度要不输球的速度。

指导要点
POINT
瞄准守门员的重心，使用与之相反的射门路线

建议球员们射门前要完全确认球门前的情况（球与球门的距离以及守门员的位置），而后再进一步察看到守门员的身体重心（体重偏向哪边）在左边还是右边。射门方向与守门员重心相反的话，射门的成功率会显著提高。

向球门跑动时，遇到从自己面前滚过的传中球，这时就可以用脚弓推射。这种情况下，可以用与传中球来侧相反的一侧脚（如果球从右侧来就用左脚）射门。

这项射门技巧多用于跑向远端（见第 102 页）后射门。估计经过自己面前的球的速度，然后让球滚到自己的脚下。

3

踢球脚罩住球，用脚弓触球。

4

踢球脚摆幅不要过大，要把球推射向球门。

POINT
让球滚向自己的触球点后击球！

POINT
身体不要后倾，稍微前倾再触球！

（面向球门）看到守门员的重心在左侧后，向右边射门。

不看清楚守门员的重心在身体右侧，向右边射门的话，球就会被守门员截住。

提高篇 3 射门难度高但威力大

凌空抽射

如果传中球是到腰部高度的空中球，可以选择凌空抽射。凌空抽射的难度比较高，但是如果能练习好这项技能，就能踢出守门员拦截不了的进球。

身体稍微倾斜，抬起踢球腿，等到球到来后，踢球脚用力向下摆动。要勤加练习，直到每次都能踢到球的中心。

3

观察球的落地轨迹，同时等待球落下。

POINT
支撑脚的脚尖朝向球门方向！

POINT
踢球的中心部位！

4

踢球脚顺势自上而下摆动。

5

触球后，身体随球顺势扭转，同时确认球是否射进球门。

POINT
扭转身体可以增加球的威力！

POINT
双臂展开，保持身体平衡！

1

上身向球门相反方向扭转，做好准备接球的姿势。

2

身体稍微倾斜，抬起踢球脚。

小窍门

等待球到达触球点后击球

凌空抽射技术难度较高，首先需要掌握如何让球准确到达击球点，然后集中注意力击中球的中心，这样，即使不用很大的力量，也能踢出强有力的射门。

触球点

不要去追球，而是要等球运行到自己的击球点。

踢中球的中心，射门威力比较大。

⊙

踢中球的下面或上面时，球会放高射炮，或者会有轻微的反弹。

✕

✕

头顶球射门

1 **2** **3**

POINT
观察球的
下落点！

小窍门

用前额中央触球

头顶球时下颌平收，两眼注视来球，用前额把球推送出去。
害怕来球或者低头接球的话，球会撞到头顶，反而会更疼，所以球员们在练习时要多加注意。

按照训练要求用前额中央触球的话，不会感觉到疼痛。

害怕来球，视线移开球触球后，触球点发生偏离，反而会感到疼痛。

当遇到来球高度在胸部以上悬空的传中球时，也可以选择用头顶球射门。头顶球的基本要求是，要用前额的中央触球。传给自己的传中球带有一定的力量，如果能准确触球的话，就可以完成强有力的射门。在这里也要带着"向球门传球"的意识，以球门里的边线为目标射门。

POINT
双臂向后收，上身前倾！

① 边向球门跑动，边确认传中的空中球的来向。② 下颌平收，双臂展开，上身微微后倾，做好准备工作。③ 上身向前，用前额中央触球，把球推送出去。

POINT
把球用力顶向球门线！

POINT
一只脚向前，膝关节微屈，这样可以保持身体稳定平衡。

指导要点
POINT 熟练掌握头顶球的动作

顾名思义，头顶球就是用头部触球的技术动作，所以动作不规范的话，会遇到很多安全问题。因此，作为头顶球的初学者，练习时可以从正面轻轻把球抛给球员，让球员首先彻底熟悉球的运行轨迹。

训练开始时，首先让球员重复练习如何正确地用头顶球接到正面来球。

射门练习（地滚球）

练习目的　练习如何接到传中球后配合射门。跑动中，边关注球和球门的动态，边学习直接射门的技巧。

练习标准
15分钟或1人**20**次为1组

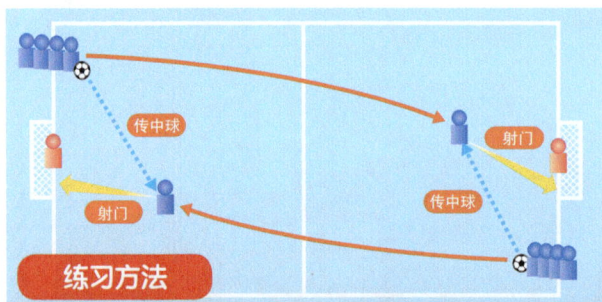

练习方法

传中球　射门　射门　传中球

训练使用迷你球场和迷你球门。球员持球，在两侧球门的旁边排成一列。出球队员踢出地滚传中球，从对面跑来的球员接球后直接射门。出球队员跑向对面球门，准备射门。

1 从球门侧面踢出地滚传中球后，跑向对面球门。

2 从对面跑来的球员接传中球后射门。

射门练习（空中球）

练习目的　练习如何接到传中的空中球后射门。球员需要适时接到教练投出的空中球，并用凌空抽射或头顶球射门。

练习标准

15 分钟或1人 **20** 次为1组

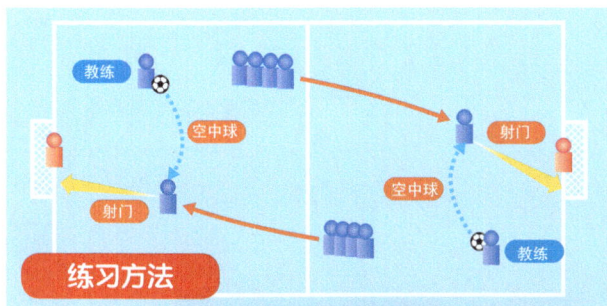

训练使用迷你球场和迷你球门。球员分为两组，横向站在球场的中央。教练从反向球门的侧面投出空中球，球员跑步向前，用凌空抽射或头顶球射门。射门后返回另一组队伍中。

练习方法

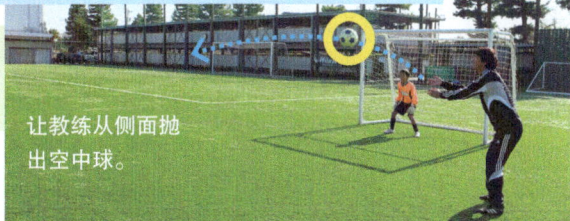

让教练从侧面抛出空中球。

跑动过程中确认球门状况后，凌空抽射。

跑动过程中等待球下落，而后头顶球射门。

指导要点 POINT 👆 确保射门次数

射门必须不断重复练习技术才会有进步。让球员们灵活地轮流练习是尽量减少球员们等待时间的一大方法。即使没有正规的球场也没关系，在小球场的射门练习也可以提高球员们射门的准确率。

111

2对1射门练习

练习目的 2人进攻1人防守，在这种对战情况下培养实际比赛中射门的感觉。人数多的进攻方要确保能够准确地射门。

练习标准

15分钟或1人**10**次为1组

防守 **进攻**

守门员

进攻

练习方法

使用迷你球场和迷你球门进行练习。进行2对1对进攻方有利的射门练习。

指导要点 POINT

确定在这种情况下是否应该射门

采用这种游戏形式的练习方法，可以让球员们自然而然地学到如何看情况射门的技术。教练可以检查球员们在面对对手的施压时，是否明明可以传球给无人盯防的队友但是自己强行射门，以及射门的方法是否得当。

同时要检查球员们是否面对对方包围时，仍然可以镇定地控球。

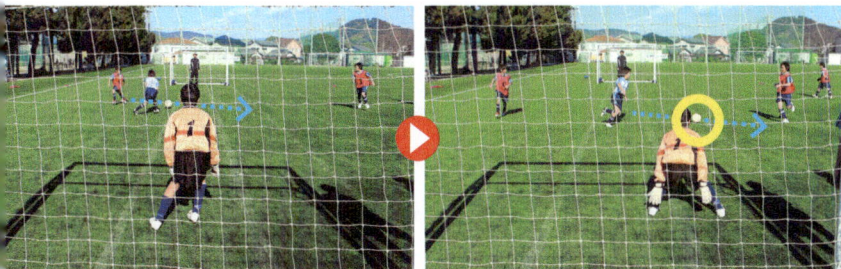

1 进攻方的 1 人把
球传给队友。

2 在对方抢球前
跑向球并迅速
触球。

3 把球准确地踢
向球门角落。

啊!

即使另一名球员接到了球,但是,如果出现控球失误,就不能有效射门。

2对2直接射门练习

练习目的 在2对2练习中，最后的步骤一定是接到队友的传球后直接射门，所以，可以提高球员们的快攻能力。

练习标准
15分钟或1人**10**次射门为1组

练习方法

1 互相配合，跑出队友可以传球的路线。

2 在队友传球后，边跑动边躲避对方的进攻。

3 看清球门状况后准备射门。

4 不控球直接射门。

5 两眼注视出球方向。

第四部分

盘带

Dribble

盘带的**3**个要点

向前后左右各个方向盘带

盘带不是单纯的"带球跑"。盘带时要时刻谨记，让
球一直处于自己的控制范围，这是盘带时必须注意的
一点。

要点 1 不要让球离开自己
的控制范围

要点 2 抬头判

盘带就是在跑动中把球带到各个方向。而要将球带到各个方向都会有相应的触球方法和步法。在孩子童年时期，首先要提供各种机会，让他们尽量多地接触球，让球和人融为一体，然后熟练掌握带球技巧。

此外，盘带练习并不是漫无目的的，要不断积累经验，在确认场上情况的同时，带着目的盘带向前。

在变化多端的赛场上，在跑动中也要抬头观察场上的情况，在控球过程中，提升自己的技战术意识水平。

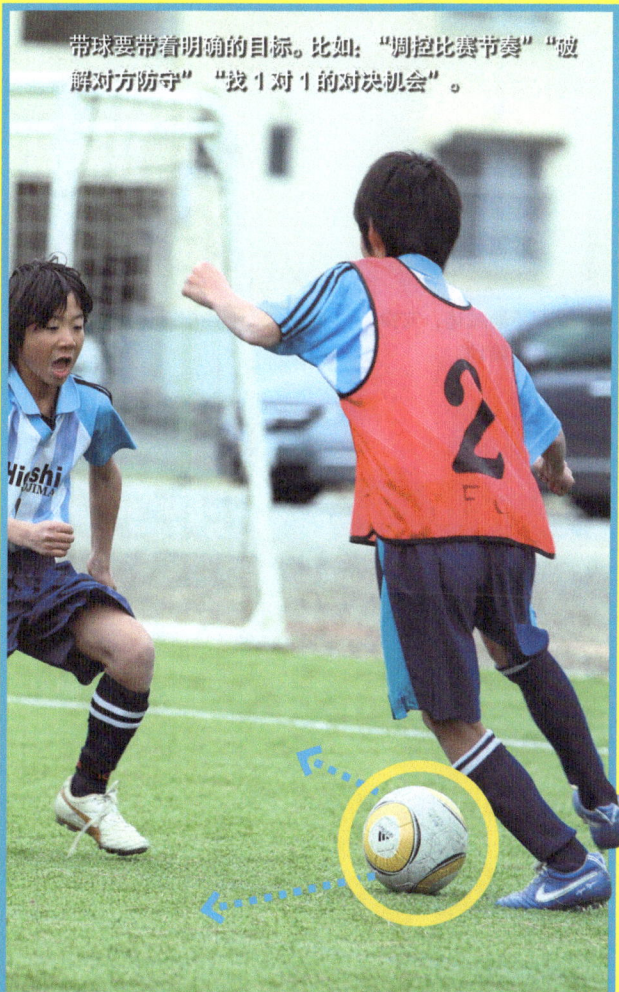

带球要带着明确的目标。比如："调控比赛节奏""破解对方防守""找 1 对 1 的对决机会"。

断场上情况

要点 3 熟练应用带球技术

向前盘带

POINT
保持身体平衡，
姿势准确！

3
把球向前推拨。
踢球脚落地。

4
不要减速，支撑
脚踏地。

5
跑动中用踢
球脚触球。

触球部位

用靠近脚背外侧的部位触球。

向前盘带是指用脚背触球后，把球推拨至前面的技术。支撑脚放在球的侧面，踢球脚脚背外侧推拨球的中后部，把球向前推出。

这种盘带方法可以让球反向旋转，从而将球牢牢地控制在脚下。练习时要注意保持带球节奏："支撑脚踏地➡触球➡支撑脚踏地➡触球"。

2
用踢球脚（右脚）脚背触球。

1
支撑脚（左脚）在球的侧面踏地。

POINT
把球缓缓向前方推拨！

小窍门

跑动中触球

盘带时跑动速度减缓，球的位置过于向前。之所以出现这种情况，大多数情况下都是因为没有把握好"支撑脚踏地➡触球➡支撑脚踏地➡触球"的盘带节奏。因此，球员们要反复练习如何在平时跑动中准确触球。

跟着支撑脚和触球的节奏加速跑动。

触球！

支撑脚踏地！

向侧面盘带

1

支撑脚在球的
侧面踏地。

2

踢球脚抬起，准
备触球。

POINT
支撑脚踏地的
同时，踢球脚
抬起。

指导要点 POINT 让球始终处于自己的控制之下

教练对球员盘带进行技术指导的时候，重点要教
会球员们在什么情况下采取哪种盘带方法比较有
效。向侧面盘带的优点是，球一直控制在自己的
脚下（对手抢不到球），球员可以在看清场上状
况后决定下个动作。而且，即使对方扑过来抢
球，也可以迅速行动，躲过对方。

脚弓盘带的优点是，可以让球一直在自
己的脚下（双脚之间）。

向侧面盘带是把球向球员身体侧面移动的技术。盘带有多种触球方法，其中的基础方法就是用脚弓带球。

向侧面带球，首先支撑脚踏地，然后顺势抬起踢球脚。要注意的是，用踢球脚的脚弓拨球，让球滚动并且向侧面移动。注意不要用脚弓踩压球！

3

踢球脚向侧面抬起，用脚弓拨球的上方。

POINT

轻轻触球！

4

球滚动后，踢球脚着地。

POINT

带球过程中用双臂保持身体平衡！

小窍门

轻轻拨球，让球滚动

用脚弓触球时，注意不要用脚踩压球的上方。如果能做到轻轻地用踢球脚拨球，那么球滚动的距离应该刚好可以衔接下一次触球。

不要踩球而要拨球，让球滚动。

"Z"字形盘带

单脚触球

1

用右脚脚弓把球推拨向左侧。

2

出球后，身体向球的方向移动，支撑脚在球侧面着地。

POINT

支撑脚踏地位置在球的侧面，这样容易用脚背外侧踢球。

4

身体向右前方倾斜，用脚背外侧推拨球。

3

屈膝，支撑脚踏地，准备用右脚脚背外侧带球。

左右脚交替、呈"Z"字形带球是比赛中必须用到的盘带技巧。"Z"字形带球分为单脚脚弓带球、脚背外侧交替带球和双脚脚弓带球 3 种。

不管是单脚或双脚盘带，都要求在保持身体平衡的前提下灵活改变带球的方向，所以在练习中要使用双臂保持身体平衡，支撑腿膝关节微屈，起到缓冲作用，踢球脚做到流畅地摆动。

双脚触球

1 用左脚脚弓把球带向右侧方。

2 配合球的运动迅速跑动，做好准备姿势。

左脚稳定踏地，准备改变带球方向。

POINT
膝关节微屈，保持身体平衡！

3 用右脚脚弓把球推拨向左前方。

4

小窍门
活用膝关节的缓冲作用

改变带球方向时必须注意的一点是，支撑脚要稳定踏地。踏地后，膝关节微屈可以缓冲身体的落地重量，也方便球员向反方向进攻。

带球转身

迅速转身

触球并改变带球方向后，自己的身体也迅速转向相反方向。为了摆脱对方的防守，转身带球的速度快慢也是带球成功与否的关键。

脚弓接球转身

2 踢球脚（右脚）向下摆动。

1 支撑脚踩在球的旁边，扭转身体。

3 配合身体的扭转动作，用踢球脚的脚弓触球。

4 转身面向球的前行方向。

5 迅速触球，开始快速带球。

带球转身盘带技术是，当球员遇到对方来抢球等情况时，180 度转身带球，改变进攻方向，从而摆脱对方。在这里我们着重介绍两种带球转身技术——转身的同时用脚弓触球，转身带球以及用脚掌拉球后转身。迅速带球转身改变了球的方向，会让对手猝不及防，但是也要注意保持身体平衡。

脚掌拉球转身

2 脚掌踩球。

1 观察球的滚动轨迹，支撑脚要踏在球的正侧面。

3 用踩球的脚掌轻轻把球往身后拉。

小窍门

支撑脚用力踏地

因为要做到反方向 180 度转身，所以为了保持身体平衡，支撑脚必须用力踏地，支撑着身体，这样才能成功地完成转身带球动作。

4 注视着球迅速转身。

5 开始向与原来方向相反的方向带球。

125

用三角路障练习各种盘带技术

带球过程中，球员必须注意路障的摆放位置和相互之间的距离，在练习中培养选择适当的触球和带球技巧的能力。

练习标准

3 种练习项目 **×** 每人 **3** 次

练习方法

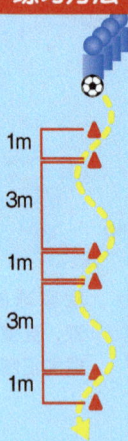

变速带球

路障距离按照"近－远－近"依次摆放成一列，带球时一定要确保通过路障之间狭窄的空间。

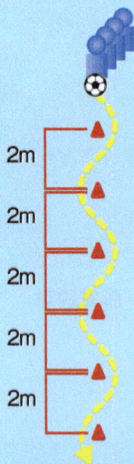

快速带球

路障距离相当，摆成一列，球员尽量快速带球通过（路障的左右两边均可）。

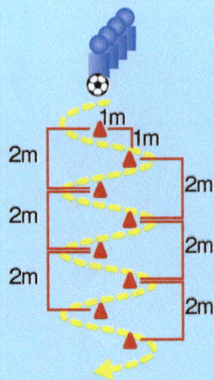

"Z"字形带球

将路障摆成间隔相等的两列，两列之间间隔一定距离。

练习小贴士

尝试各种练习模式

使用三角路障练习带球有很多种模式。比如可以改变路障之间的距离或者改变路障数量，也可以随机摆放路障，等等。此外，分组比赛也可以增加练习的趣味性。

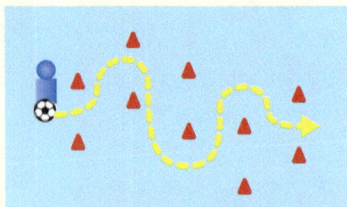

变速带球经过随机摆放的路障中间。

POINT
宽的地方
加速!

POINT
窄的地方
减速!

在三角路障距离宽的地方
加速，距离窄的地方减
速，改变带球速度。

变速带球

POINT
不要让球离开
脚下!

尽量快速带球通过路障之
间，在保持身体平衡的基
础上做到快速带球。

快速带球

POINT
迅速转身，
改变带球
方向!

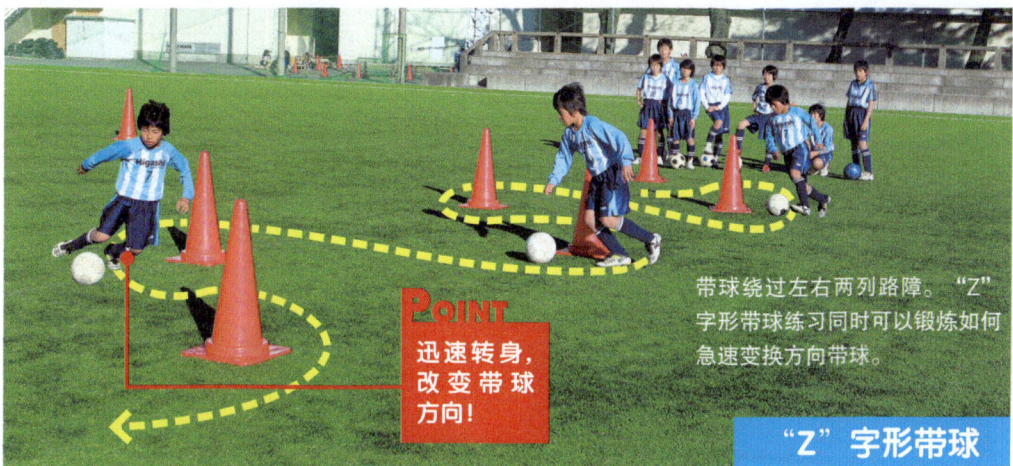

带球绕过左右两列路障。"Z"
字形带球练习同时可以锻炼如何
急速变换方向带球。

"Z"字形带球

盘带练习

練習目的 练习如何在狭小的空间中带球时不撞到其他人，意在培养球员观察场上情况的能力和带球进入目标路线的能力。

练习标准

3分钟 **× 2**组

练习
小贴士

调整练习场地的宽度

在这项练习中，可以根据球员们的能力水平选择练习场地的大小。如果场地过小，带球过程中球员会只顾低头看球，起不到练习效果。因此开始练习时，场地大小要刚好够球员不时地抬头观察场上情况，而且能让每个球员都有空间练习盘带。球员能够熟练地完成这项练习后，可以适当缩小场地范围。

练习方法

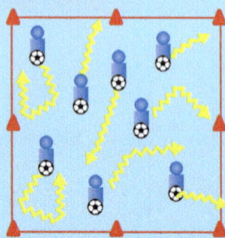

用三角路障或标志碟围成一个四边形。让球员们在四边形里自由练习。8个球员所需的场地边长是6~10米（长度根据球员水平而定）。

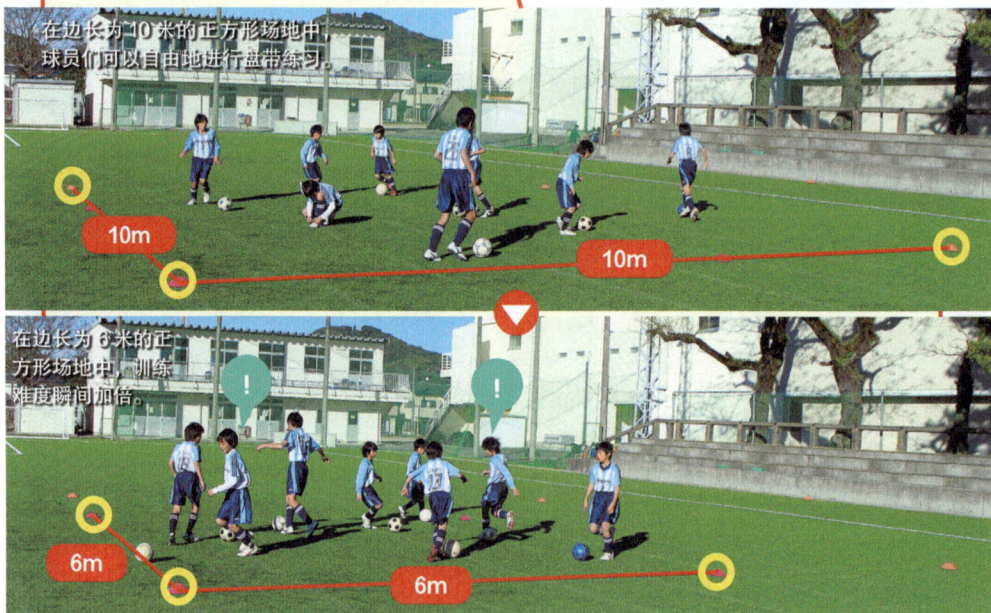

在边长为10米的正方形场地中，球员们可以自由地进行盘带练习。

10m

10m

在边长为6米的正方形场地中，训练难度瞬间加倍。

6m

6m

模仿带球

练习目的　2人1组，1名球员模仿另1名的带球动作。培养球员边抬头观察对方的动态，边小步带球的能力。

练习标准

3分钟**×2**组

练习方法

模仿球员

示范球员

模仿的球员要和示范球员并排跑边，并仔细观察示范球员如何横向和纵向带球。

示范球员

模仿球员

模仿球员在示范球员演示"Z"字形带球或带球转身等带球技巧时，要跟在示范球员身后练习。

练习小贴士

改变两人并排的练习模式

可以尝试各种各样的盘带练习模式，比如两人面对面、站成一排、跟在身后模仿练习，等等。

此外，示范球员可以根据模仿球员的水平改变带球速度、转身角度、变速带球的频率变化，等等。

用假动作骗过对手后向反方向进攻！

要点 1

向对手逼近

注意和对方的距离，控球向他逼近。

距离

要点 2

假动作（进攻）

为了达到自己真实动作的意图，利用假动作迷惑对手。

假动作就是在盘带过程中，利用各种动作假象迷惑对方，使对方做出错误的判断，然后向反方向带球的技术。和盘带一样，假动作也要带着明确的目的，不要做没有意义的假动作。大家要知道，迷惑对方，让对方错误地向左或向右移动，这才是假动作的目的。

大家也可以在游戏中尝试运用各种假动作技术，从中找出适合自己的假动作，然后对动作勤加练习，最终能够在比赛中熟练运用。

3

要点

向反方向进攻

看到被迷惑的对方做出反应后，迅速向反方向突破。

4

要点

加速盘带

为了彻底摆脱被过掉的对方球员，此时要加速带球。

虚晃假动作

虚晃假动作是控球过人时身体可以向左或右大幅度虚晃，诱使对方跟随虚晃动作发生重心的偏移，然后迅速向反方向带球的假动作技术。

盘带球员的身体要大幅度晃动，所以也要注意保持自己身体的平衡。这项动作的要点是通过大幅度的身体动作迷惑对方。支撑脚要稳定踏地，保持身体平衡，然后迅速向反方向突破。

小窍门

身体向想要迷惑对方的方向晃动。

对方做出反应后，迅速转向反方向摆脱对方。

身体晃动幅度越大，对方越容易上当

虚晃假动作是在球静止的状态下只靠身体动作迷惑对方，所以动作幅度过小、动作太快都达不到预期的效果。做假动作的时候，要尽量做到动作幅度大、有力，诱使对方做出回应。同时，不是在躲过对方时只用脚尖触球，而是全身都躲过对方，这样可以提升带球的速度。

1

带球逼近对方。

在保持身体平衡的前提下，身体向左大幅晃动。

2

POINT

支撑脚稳定踏地，保持身体平衡！

POINT

向侧前方推出的同时，身体也向同一方向倾斜！

4

3

加快带球速度，摆脱来不及反应的对手。

看到对方对自己的假动作有所反应时，用脚背外侧触球，把球推向相反方向。

剪刀脚假动作

难度
指数
★★☆
☆☆

3

右脚从球的
内侧向外侧
跨过，注意
不要触球。

POINT
像画圆圈一样
跨过足球！

4

POINT
右脚变成支撑
脚，踩在球的
侧后方。

跨过球的右脚踏地，
做好左脚外侧触球的
准备。

5

用左脚脚背外侧把球推向
左前方。

134

伴装要把球带向左边或者右边，一侧脚上前，从球上跨过，诱使对方堵抢，然后带球向相反方向跑动，甩掉对手。这就是有名的剪刀脚假动作。

这个动作的要点是，首先像画圆圈一样跨过球，骗过对方。其次，用另一只脚的脚背侧面触球，把球推送向相反的方向。为了让这个动作能够顺利完成，跨球脚的落地点必须在球的斜后方，落地后变为支撑脚。

1 带球逼近对方，和对方保持适当距离。

2

POINT 身体重心向支撑脚倾斜，伴装要用脚背外侧触球。

伴攻方向

真实方向

做出用右脚背外侧向右带球的姿势。

6 加速带球，彻底甩掉对方。

小窍门

像画圆圈一样跨过足球

乍一听"跨球"，给人的感觉是从足球上跨过去，如果真是这样的话，腿的动作会很不协调，还可能会被对手抢到球。

为了迷惑对手，成功完成剪刀脚假动作，球员们要注意，"跨球"动作是从球的内侧向球的外侧画圆。

像画圆圈一样跨过球，迷惑对方。

即使从球上跨过，对方也不会上当。

脚弓·脚背外侧穿裆假动作

难度指数
★★★
☆☆

甩开对方，加速向球跑动。

小窍门

球通过对手胯下的时机很重要

用脚弓传球迷惑对方，然后用脚背外侧将球从对方胯下拨过。当对方被诱导，产生错误判断、发生身体重心偏移的时候，瞅准时机迅速用脚背外侧触球。要做到这一点，球员必须仔细观察对方的动作。

跑过对手身旁，甩开对方。

用右脚脚背外侧将球从对方胯下推出。

穿裆假动作就是通过脚弓和脚背外侧交替触球，让球穿过对方双脚之间后，球员迅速向其身后跑动的带球过人技术。因为这项技术是把球踢向对方身后，所以的确可以甩掉对方。和其他假动作不同的一点是，球离开球员脚下的时间相对比较长。

因此，完成穿裆假动作后，必须加速跑动追到球。

如果没有把握好触球的时机，球可能会被对方抢断。

1

和对方保持一定距离，右脚脚弓轻轻向左前方触球。

2

POINT

对方双脚之间有间隙！

POINT

左脚成为支撑脚，接下来用右脚背外侧触球。

左脚向球的侧后方跨一大步，右脚做好准备。

137

横向摆脱 + 向前加速

难度指数
★★★
☆☆

横向摆脱 + 向前加速就是通过使用双脚脚弓连续触球，两次改变球的方向，从而甩掉对手的一种假动作技巧。第一次触球时，带球跑向对手侧面，第二次触球是从对方的侧面突破到前面。第一次向侧面触球是为了不被对手截到球，要和他保持一定距离；第二次触球是为了甩开对手，触球动作幅度要大，把握好节奏，用力把球踢向前方。

小窍门

要决定好出球角度

横向摆脱 + 向前加速是通过两次变化球的方向甩掉对手的假动作技术。但球员们要记住，第一次触球和第二次触球时出球角度是完全不一样的。

要记住一点：第一次触球的目的是横向出球，摆脱对手的防守。而第二次触球的目的是为了甩掉对手，所以要向纵向（侧前方）带球。

加速纵向控球！

第二次触球

第一次触球

带动全身向横向控球！

第一次触球时偏向横向，第二次触球从纵向突破。

用右脚脚弓把球往前推出。

5

速带球。

甩掉对方，加

POINT

通过第 2 次触球完全甩掉对方！

1

带球逼近对手，直到
适当距离。

POINT
第一次触球
让球横向移
动。

用左脚脚弓把球拨
向右侧。

盘带

指导要点 POINT
**身体也要和球
一起横向滑动**

当球员不能连贯地做好横向摆脱＋向前
加速动作的时候，可以让他们第一次触
球时，配合球横向拨动的动作，身体也
同样横向滑动。有了这个动作，第二次
触球就会很轻松，同时提高成功甩掉对
手的能力。

4

3

配合球的位置变化，
身体也要做出反应。

POINT
身体小小的
倾斜可以为
甩开对手创
造机会！

139

1 带球逼近对手，直到适当距离。

POINT 第一次触球让球横向移动。

2 用左脚脚弓把球拨向右侧。

指导要点 POINT 身体也要和球一起横向滑动

当球员不能连贯地做好横向摆脱＋向前加速动作的时候，可以让他们第一次触球时，配合球横向拨动的动作，身体也同样横向滑动。有了这个动作，第二次触球就会很轻松，同时提高成功甩掉对手的能力。

4

3 配合球的位置变化，身体也要做出反应。

POINT 身体小小的倾斜可以为甩开对手创造机会！

139

脚掌扣球变向

难度指数
★★★
☆☆

1

带球逼近对手，直至适当距离。

2

这边！

看到对手判断自己要向左边带球。

6

甩掉向左边去的对手，带球前进。

POINT
保持身体前倾的姿势，加速前进！

5

用右脚脚弓把球推送出去。

用脚掌改变带球方向，摆脱对手的技巧叫作脚掌扣球变向过人。首先，故意把球推到对手的面前，当对手上前抢球时，迅速用脚掌把球拉回脚下。等对手失去平衡后，用脚弓把球推送向前，摆脱对手。这个动作要注意的一点是，从脚掌到脚弓的触球动作要连贯。

3

在对手跑近之前用脚掌停球。

小夯

拉球

这个带球假动作适用于对手逼近自己，且双方距离比较近的情况。正因为如此，才要把球拉回自己的脚下，让球处在对手不能够到的距离，不给对手抢球的机会。

POINT

把球拉回来的同时，身体快速右转！

4

脚能够到的距离

用脚掌把球向右（对手的反方向）拉回来。

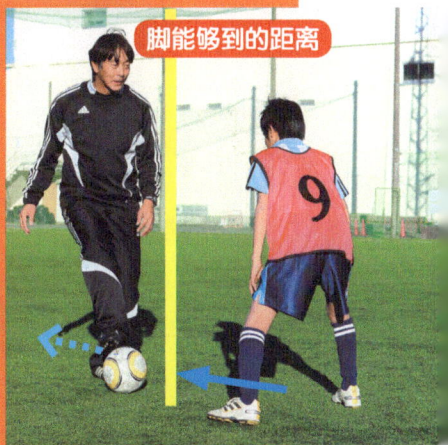

对手不断逼近，要把球拉到对方的脚不能够到的地方。

141

克鲁伊夫转身

难度
指数
★★★
☆

"克鲁伊夫转身"是荷兰巨星克鲁伊夫的招牌过人动作。它是一项把球回扣向身后的假动作技术。支撑脚向前跨一大步到球旁，伴装要射门，对手被迷惑做出反应后，向对手动作的反方向带球。

这套假动作的优点在于，它是通过踢球脚把球钩回身后带球，支撑脚可以充当球和对手之间的壁垒作用。

1

带球的同时吸引
对手靠近。

POINT
让对手和自
己保持适当
距离！

2

POINT
踢球脚抬高，
伴装要踢球。

支撑脚向前跨一大
步，伴装踢球。

小窍门

佯装要踢球，诱使对方做出错误动作

克鲁伊夫转身成功的基础是在必须转身前，用假动作把对方引导到带球相反的方向。因此重点是要在转身前用大幅度的假踢动作迷惑对方。使用假动作的时候，如果对方没有上当，就索性带着控球突破的想法继续前进。

记住，假踢动作幅度要大。

转身恢复跑动姿势，向反方向带球，继续下个动作。

5

4

用踢球脚的脚弓触球，把球回扣向对方动作的反方向。

3

如果对方上当了，踢球脚向后回扣。

POINT
用支撑脚隔开对手和球！

马赛回旋

难度指数
★★★
★★

带球逼近对方，和对方保持适当距离。

靠近对方，右脚脚掌踩球。

小窍门

用身体保护球

做马赛回旋时，要注意对手和球之间的距离，把自己的身体挡在球和对手之间。如果用自己的身体防守的话，对手就不能抢到球。

带球时身体挡在球和对手中间。

球 —— 身体 —— 对手

第一次触球

转身的同时把球向后拉去。

马赛回旋是一项转身的同时两次拉球躲过对手的假动作技巧。其动作要点如下：第一次触球用脚掌把球拉向身后，身体随着重心改变顺势转身。另一只脚在转身的瞬间把球拉过来，当转身完成后，球员出现在对手身后。要注意转身的时候保持身体平衡。

用身体挡住对方，带球前进。

成功转向对方身后之后，加速带球。

第二次触球

继续转身，用左脚脚掌把球拉向身后。

假动作练习

练习目的 接到球后，确认向自己跑来的对手的行动，用各种假动作甩开对手，培养比赛时的反应能力。

练习标准

根据人数而定 **5～10** 分钟

改变防守级别

要根据球队的水平选择如何防守对方球员。比如说，刚开始练习防守时，可以选择双方对峙这种形式，然后再慢慢提高难度。

随着练习难度升级，最终要达到和比赛一样的水平，在1对1攻防中抢夺对方的球。

练习小贴士

防守等级 1

不抢球，从正面防守对方。

POINT 能否观察对方的行动，做出假动作一决胜负！

POINT 能否施展自己擅长的假动作！

直径 15m

几个球员站在直径15米长的圆圈上。持球球员A把球传给球员B，然后A变成防守方并跑向B。

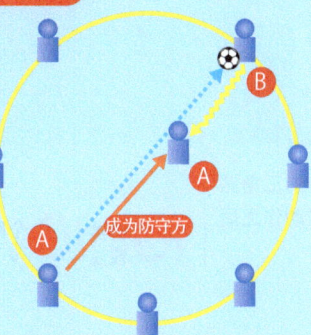

成为防守方

B用假动作躲避A的进攻后，向C（或者其他人）传球，然后B变成防守方，跑向C。A返回到B之前所在的位置。

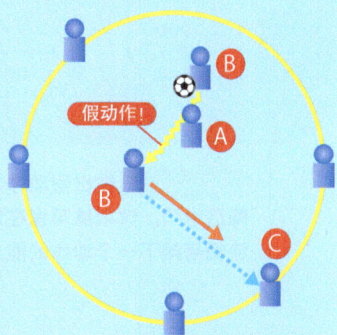

假动作！

防守等级2

不去抢球，但在对方传球之前一直紧跟对方。

防守等级3

积极抢夺控球权。

这项练习中，球员可以根据对方的动作做出假动作带球过人，也可以用自己擅长的假动作和对方决一胜负。

147

假动作与射门

做出假动作，经过球门前的三角路障后射门。这项练习意在培养球员做假动作之后流畅衔接下一个动作的能力。

练习标准

10分钟 或过 **10**个路障 为1组

练习方法

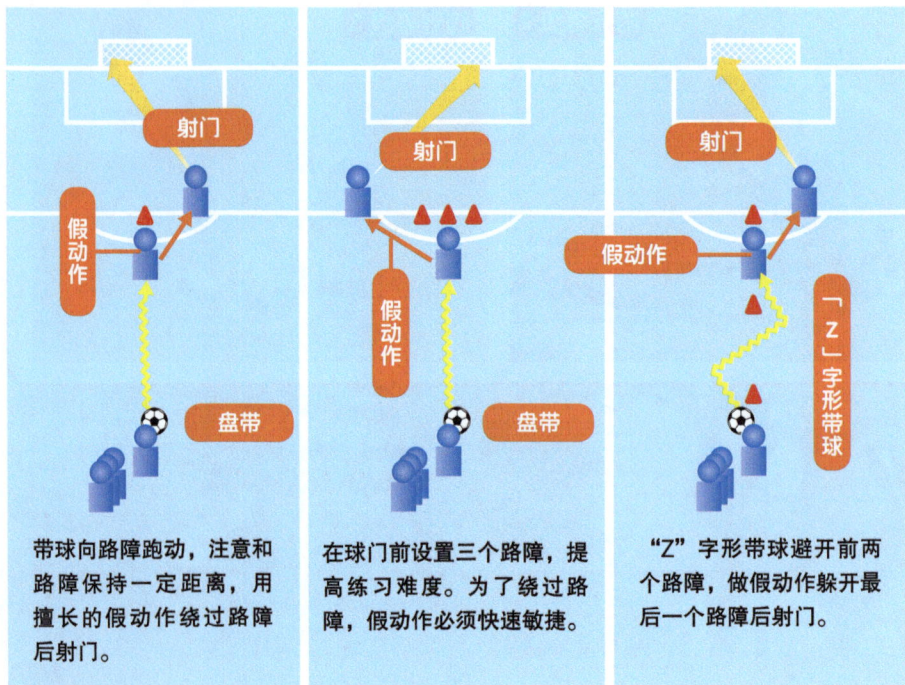

带球向路障跑动，注意和路障保持一定距离，用擅长的假动作绕过路障后射门。

在球门前设置三个路障，提高练习难度。为了绕过路障，假动作必须快速敏捷。

"Z"字形带球避开前两个路障，做假动作躲开最后一个路障后射门。

练习小贴士

改变路障的摆放位置

在这项训练中，可以根据路障的数量和摆放方法练习各种情况下的假动作过人后射门。训练过程中，教练可以按照孩子们掌握的实际情况，让他们集中进行一项练习，或者尝试各种练习方法。

第五部分

防守

Defense

明确目标，拿下 1 对 1 的防守！

优先顺序

1 积极截球

当球传给自己盯防的球员时，身体迅速上前截球。要比对手先到达传球路线。这是防守的第一个要点。

优先顺序

2 不让对手转身回头

看到对手即将接球时，尽量让自己的身体靠近对手，面向前方，阻止对方接球。这是防守的第二个要点。

防守练习都是从掌握 1 对 1 防守开始的。防守方根据自己的情况选择如何行动，要遵守 "4 个优先顺序" 原则。球员时刻记着遵守这个顺序，可以封堵对手带球突破。

此外，球员还要记住防守的基本姿势、盯人方法、脚下动作，在 1 对 1 防守时绝不失手。

优先顺序

3

停在对手前面

当对手面向前方接到传球时，防守队员逼近对手后一定要停下来，观察对手如何出球。这是防守的第三个要点。

优先顺序

4

抢球

1 对 1 防守中，利用对手控球失误和触球失误的瞬间，抢夺控球权，这是防守的第四个要点。

基础篇 1 身体下蹲，阻挡对方向球门方向带球

基本姿势与盯人技巧

防守基本姿势

脸
眼睛观察对手和球。

上半身
放松身体，上半身微微向前。

膝关节
膝关节弯曲，以便突然出击。

双脚
双脚分别放在身体的左右两侧，支撑身体平衡，采取下蹲姿势。

如果膝关节没有弯曲，或者身体前倾幅度过大，当对方采取行动时，很难迅速做出反应。

面向对手，双脚处在同一水平线上的话，难以及时对左右两边的动作做出反应。

指导要点 POINT

轻轻起跳后做好防守准备

现在的小球员们可能不大熟悉"下蹲"这种说法。教练可以为球员做示范，具体来说就是，两三次轻轻起跳，落地时双脚叉开。双腿直立着地会伤到膝盖，所以落地时自然会形成下蹲的姿势。

轻轻起跳两三次后，双脚分开着地，就会形成下蹲的姿势。

防守的准备动作就是膝关节弯曲，身体下蹲，降低身体重心，便于身体向前后左右各个方向灵活转身。

同时，当自己盯防的人没有控球时，要挡在对手和己方球门线上，面向对方球门，阻挡对方接球、带球等动作，这是防守时需要注意的重点。在此基础上再寻找最佳的防守位置。

盯人方法（对方不控球时）

POINT
距离过远！

球

对手

这个距离虽然可以看见对手和球，但是双方距离过大，对方接到传球后很容易就能带球突破。

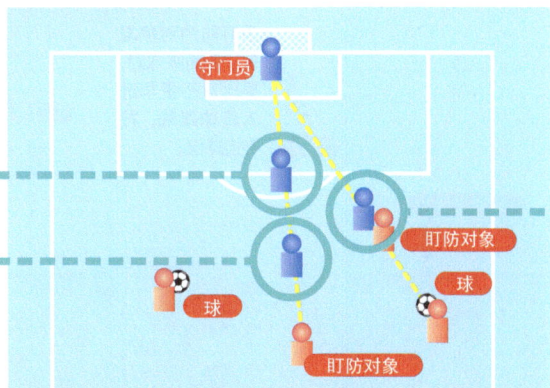

守门员

盯防对象

球

球

盯防对象

球处在对手和球门的延长线上时，要在对手身后盯防。

对手

球

球门

球

9
F U

站在对手和球门之间，同时能看到球的位置是理想的选位。

对手

小窍门

选择不用左右转头就能确认球和对手的位置

防守时，选择不用转头就能看到球和对手的位置。但是，如果选择的位置过于靠后的话，对手要接球时，自己不能及时靠近。所以，用双眼同时观察球和对手，尽量在对手身前防守是比较理想的防守动作。

抢截球

抢截侧面来球

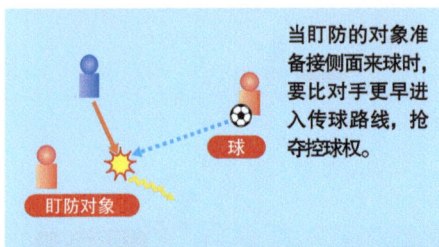

当盯防的对象准备接侧面来球时，要比对手更早进入传球路线，抢夺控球权。

1 掌握时机。

球

确认对方球员传球后快速跑动。

2 跑到传球路线，比对手先触球。

3 带球向前跑动。

抢截正面来球

当自己盯防的球员准备接正面来球时，要绕过对手的身侧跑向前方，抢夺控球权。

1 截球！

确认球从对手前方传来。

2 迅速绕过对手身侧跑到前面。

3 截球后带球向前。

　　"截球"是1对1防守的首要目标，具体来说就是把给对手的传球在中途抢过来。截球成功后，直接带球突破。这项技术要注意的要点之一是，截到球后马上快速跑动起来。要点之二是，要把自己的身体挡在对手前面，设法让自己比对手先触球。

POINT

肩膀和手臂挡在对手前面！

和对手保持一定距离

要和对手保持一臂距离盯防，抢球时可以快速越过对手身侧，跑向前面。

和对手距离过近

身体和对手贴得太近，会被对手影响到自己的动作，也不能上前抢球。

小窍门

和对手保持多远距离？

　　如果想截球成功，就要控制好自己和对手的距离。和对手保持多远距离为宜呢？张开手臂能触摸到对手即可。保持这个距离，防守球员可以快速上前截球。反之，如果紧贴在对手身后盯人的话，会被对手阻挡，不能上前。所以，球员们要注意盯人的距离和位置。

155

防止对手转身➡停在对手前面

防止对手转身

POINT
判断自己不能抢到球！

POINT
用身体阻挡对手上前！

1 自己盯防的对手接到从侧面来的传球。

2 对手接到球后，马上用自己的身体逼近对方。

3 靠近对手身体后，让对方不能转身。

小窍门

停在伸手能碰到对手的位置

身体逼近对手，不让对手转身这一点很重要，同时要注意和对方保持适当的距离，距离控制在伸手能够到对手后背即可。此外还要注意，如果和对手贴得过近，对方可能会快速转身摆脱防守。

伸手可以够到对方后背。

　　自己不能截球（见第154页），而对手背对球门接到球的时候，可以采取"不让对方转身"的防守动作。同时，当对手比预计早接到球，向前（球门方向）控球时，可以选择"堵在对手面前"，封堵对方的传球路线。这两种防守方法的目的都是不让对手自由控球。在防守中，要注意和对手保持合适的距离。

堵在对手面前

1 盯防对象准备接侧面来的传球。

2 身体向前逼近，可是对手正面接到了来球。

POINT 看清对手的动作！

POINT 和对手保持合适的距离，准备随时行动！

对手接到球，可能准备进攻，但是如果贸然逼近抢球，可能会被对手轻易躲开。

3 和对手保持适当的距离停下后，身体重心向下。

抢球

等待对方控球失误

1
虽然逼近了对手，但对手已经接到了侧面来球。

2
瞄准对手控球失误的机会。

3
身体快速插入对手身体前面。

**POINT
立即追球！**

4
抢到球后，开始向前突破。

等待对方触球失误

1
对手接到传球后开始带球前进。

2
对手触球失误，球远离了对方脚下。

**POINT
集中观察球的移动！**

3
身体迅速插入球和对手中间。

4
抢到球后，加速突破。

　　如果球传给了自己的盯防对象，可以通过"不让对手转身""堵在对手面前"来防守（见第156页），之后要继续紧跟对手，同时伺机"抢球"。当对手出现控球失误、带球时触球力度大、球不在自己控制范围时，一定要抓住机会，身体快速插入对手和球中间，积极抢夺控球权。

看球

POINT
球不动，我不动！

集中注意力看球，这样就不会被对手的肢体动作迷惑，可以对对手的动作迅速做出反应。

看对手

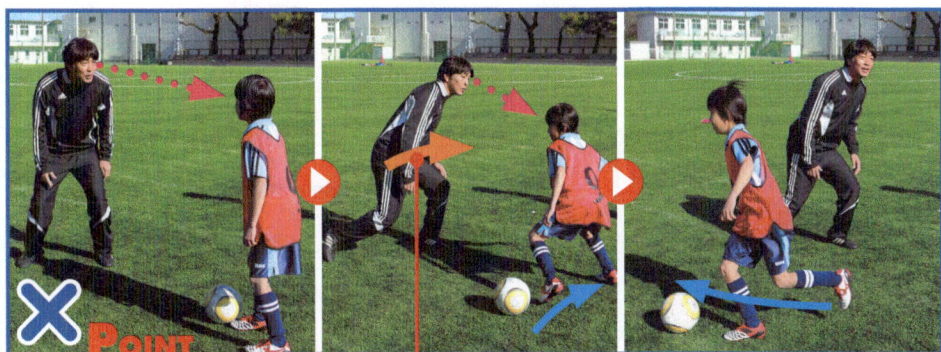

POINT
会被对手的肢体动作迷惑！

只关注对手的肢体动作，很容易被对手的假动作迷惑。

指导要点
POINT 始终看着球

总是抢不到球或者很轻易地被对手甩开的球员，大多是只关注对手的肢体动作，所以才会被对方迷惑。

面对这种情况，教练要让球员在防守中注意看球，不要看球员的动作。如果一直看着球，就不会错失抢球的机会。

迅速转身防守

1

当身体向右时，对方身体转向左边。

迅速收回前脚（左脚），同时转身。

2

POINT
转身与脚下动作同时进行！

向反方向转身会跟丢球。

小窍门

转身时不要背朝对手

如果向反方向转身，自己会背朝对手，这样的话，不仅看不到球，还有可能被对手从身后突破。所以，绝对不能反方向转身。

当对方从正面向我方进攻的时候，要和对方保持适当的距离，盯紧对方。防守的基础是用上半身阻挡对方的动作，但是必须注意的一点是，对方改变带球方向的时候，球员要迅速改变步法，同时改变身体方向，伺机抢夺足球。

指导要点 POINT ☝ 使用交叉步法

长距离跑动或者对方快速突破时，防守队员可以使用双脚交叉移动的交叉步。要注意球员使用交叉步法防守时是否重心降低，腰有没有上下晃动，身体是否平稳。

左脚后退，朝左侧身。

3

4

右脚交叉，向左前方跨步。

POINT 交叉步法可以提高速度！

贴身防守对方。

POINT 伺机抢球！

5

1对1防守

练习目的　进攻方有传球球员的1对1防守练习。防守队员遵守防守优先顺序，学习盯人方法和各种防守技巧。

练习标准

20分钟或1人**3**次为1组

练习方法

传球队员　站在球门侧面协助进攻方球员。

防守　在遵守站位、防守的优先顺序的前提下抢到球，胜出。

进攻　与传球队员紧密配合射门成功的话，胜出。

防守的优先顺序回顾

有人给盯防对象传球

↓

①抢截球

↓

对方背对自己接球

↓

②防止对方转身

↓

对方面对自己接球

↓

③堵在对方前面

↓

对手出现失误

↓

④抢球

指导要点 POINT 积极抢夺控球权

要让防守球员在练习中积极上前抢球。即使抢球失败，也可以从中积累经验，知道什么情况下可以抢球，什么情况下不适合抢球。

练习中，必须有意识地积极上前抢球。

示范练习

传球球员

进攻

防守

1 站在能看见进攻方2名球员的位置。

2 球传出后，迅速跑动上前。

3 对方成功接到球。停下来与他保持一定距离。

4 看到对方把球回传给传球队员。

5 识破传球球员的传球路线。

6 中途截断，成功抢到球。

163

盯人练习

练习目的　和对方保持一定距离，练习防守时的正确步法。

练习标准

1分钟 ✕ **1**人 **3**次为1组

缩小和对方的距离，向前跑动。

对方后退，所以自己要上前。

看到对方想要改变方向。

示范练习

1 对方向右移动，自己上半身也要向右倾斜。

5 小碎步从侧后方紧跟对方。

变化多端的进攻方式

教练（或者球员）作为进攻方，不能只采用一种进攻模式，可以让进攻方法多样化，比如，可以拿起球或带球前进。

拿起球后，目标会更加明确。要注意始终面对着球。

带球前进可以练习实际比赛中的防守技巧。练习中也可以寻找机会抢球。

教练

自己

POINT
始终保持同样的距离。

2 观察对方的行动，并且紧跟对方。

3 看到对方停下时，自己也停下。

4 对方向侧前方迈步时，自己转身。

POINT
前脚（左脚）向后拉，同时转身。

指导要点 POINT 注意对方脚下的动作

教练不仅要看球员盯人时是否和自己保持一样的距离，还要确认球员和自己的步法是否同步，尤其是转身时，脚下动作是否标准。

华丽扑救不如从容守门！

要点 **1** 射门位置不同，姿势不同

守门员要在对方射门时迅速做出反应，其中的一大前提是，要根据球的来向选择不同的位置和守门姿势。

要点 **2** 可以阻止各种方式的射门

面对"空中球""地滚球"射门，身体和手要提前做好准备姿势。

守门员（GK）是球场中唯一可以用手触球的球员。守门员担负着不让对方将球射入本方球门的重任，所以面临的压力也很大，同时也说明了这个位置的重要性。少年时期的练习中，可以让场上球员充当守门员或者让守门员充当其他角色，通过这样的练习，其他球员都可以兼顾守门员。现在这样的球队也不在少数，所以需要让每位球员都掌握基本的守门技巧。

要点3

接两侧射出的球时采用侧滑步

当球从自己的左右两侧射出时，可以采用"侧滑步"和"交叉步"迅速使身体正对来球。

要点4

把球传给队员后组织进攻

进攻的第一步"掷球"或"抛踢球"中，注意的要点是，事先决定自己如何传球给队友。

守门员的身体姿势和选位

守门员的姿势

脸
紧盯着球，注意四周的情况。

上半身
上半身稍前倾。

双手
双臂弯曲，置于胸前。

球门线
站在球门线前。

膝关节
膝关节微屈。

双脚
身体重心落在前脚掌上。

双脚
双脚开立，与肩同宽。

小窍门 守门员要充满自信

掌握了基本的守门技巧后，接下来就是要有"我可以接到所有来球！"的自信。有气魄、沉稳的守门员会给对手施加压力，也可以让己方球员觉得可靠。

重心放在脚跟时，身体不能快速做出反应。

168

守门员的准备姿势要求，膝关节自然弯曲，重心落在双脚之间，这一点很重要。时刻准备迅速拦截从前后、左右、上下各个方向射来的球。此外，守门员应始终站在球与球门线中点的连线上。守门员要站在球门线前，根据球的位置变化，随时变化守门位置。

守门员的姿势 守门员应始终站在球与球门线中点的连线上。

右	中间	左

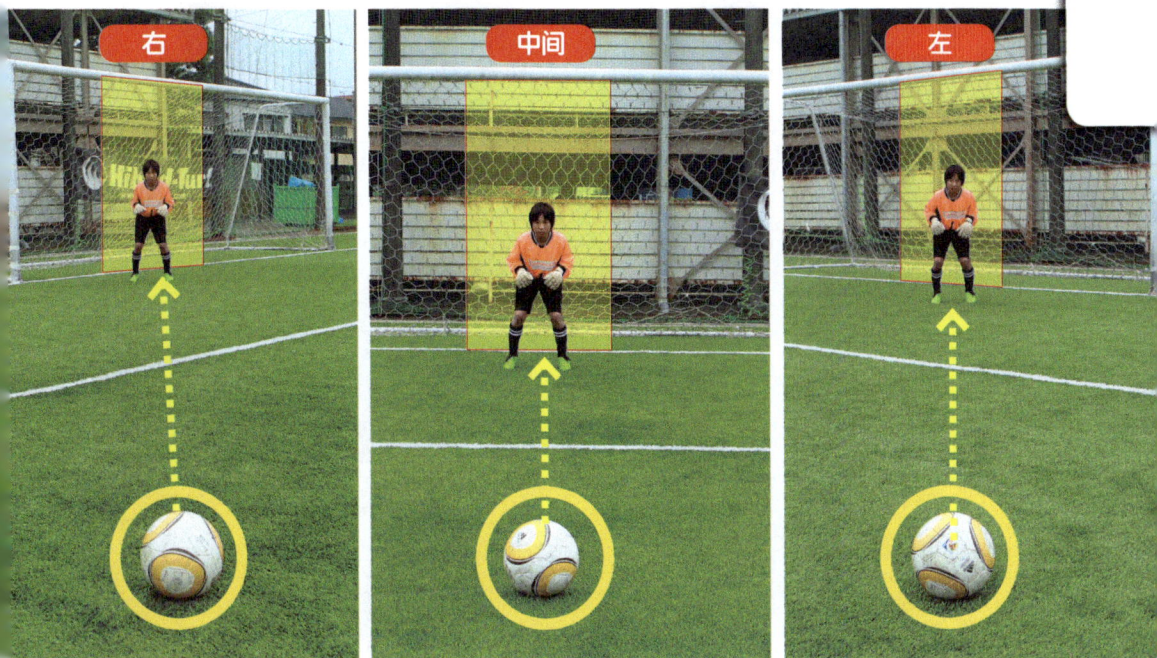

指导要点 POINT 在球门前弧形移动

比赛中，守门员必须按照球的运行方向改变自己的位置，但是不能沿着球门直线移动而要在球门前沿半圆形轨迹移动。同时，如果守门员站在球门线上，一旦出现轻微的接球失误，球进入球门的危险性很高，所以教练要提醒守门员站在球门线前面。

根据球的移动，守门员在球门前沿半圆形轨迹移动。

Defense 基础篇2 顺势后撤，接到强劲的射门球
接球（空中球）

接空中球

POINT
双手掌心相对，接住来球！

POINT
屈肘，缓冲来球的力量！

1
双臂前伸，高度与来球相同。

2
接到球后，随球顺势屈肘。

3
转腕，将球抱于胸前。

小窍门
利用肘关节缓冲来球的力量

在手触球的一刹那，双臂随球后撤并屈肘，像海绵一样吸收来球的力量。如果接球时手肘没有弯曲，球可能会反弹出去，所以球员们要多注意。

如果接球时手肘没有弯曲，球的力量得不到缓冲，可能会漏接来球。

守门员最重要的任务就是练好接球基本功。首先要练习如何以正确的姿势接到空中来球，其次即使是大力的射门也不会漏接，这也是需要注意的一个重点。

守门员的接球要领是快速移动身体面对来球，双手张开面向来球，肘关节自然弯曲，缓冲来球的力量。

手腕和手部动作

面向来球，用双手作屏障阻止来球。

双臂伸出呈"八"字形，双手拇指和食指相对呈"三角形"，掌心正对来球。

双臂从左右夹住球的动作不仅可能会漏接球，还可能撞到脸。

指导要点 POINT 肘关节内合，让球平稳地停在手中

在球触手的同时，屈肘，后撤小臂，缓冲球的力量，顺势将球抱于胸前。做这个动作时，不要忘记肘关节内合。这样就可以用手指、手腕、身体让球平稳地停在手中。

双肘打开时，会漏接来球或是不能平稳停球。

双臂肘关节内合，屈肘回缩小臂可以缓冲球的力量，把球牢牢接在手中。

接球（地滚球）

用双手和身体阻挡在来球前面。

3

POINT
不要强行抓球！

POINT
双腕抬起到胸前！

4

面对来势强劲的球，屈腕把球抱起来。

如果膝关节弯曲程度不够，站姿比较高时，可能会漏接球或遇到穿裆球。

5

把球抱于胸前，用上半身护球。

遇到地滚球射门，守门员要手（手指）朝下准备接球。需要注意的是，守门员上体前屈，一条腿膝关节微屈，用手和身体面向来球阻挡射门。

接地滚球常有的失误是漏接球，让球滚到身后。因此接球时，不能只想着用手接球，还要调动全身。

POINT
后腿内转跪撑，防止穿裆球！

弯腰，手臂下垂，手掌对准来球并前迎。

看清球的动向后迅速行动，让身体面对来球。

小窍门

双臂抱球

接球也许给人一种用双手抓球的感觉，但是其实接地滚球时，是用双臂和上身把球抱起来。如果想着用手抓球，球会滑出手掌，或者手铲进球的下部，让球弹起来，所以在练习时都要注意这些问题。

身体前屈，手掌对准来球并前迎，将球抱于胸前。

接球（左右侧射门）

实际比赛中，对手不仅会从球门正面射门，还会从球门两侧传球或射门。

这时就可以采用像螃蟹一样移动的"侧滑步"和"交叉步"向左右移动。熟练运用这两项技巧可以让身体迅速面对来球，可以明显提高接球的准确性。

指导要点 POINT 不要轻易去扑球

经常看到守门员遇见从两侧射出的球时，赶紧侧身去扑球。其实，侧身扑球不是守门员的首选，而是守门员来不及用其他接球动作时的无奈之选，而且扑球姿势不正确还可能让自己受伤。因此，教练在指导球员训练时，一定要让他们熟练应用各种移动技巧，让身体正对来球。

侧身扑球是守门员接球的最后选择。

侧滑步

POINT 时间充足时！

1 重心放在左脚上，右脚靠近左脚。

4 紧紧抱住球。

对手在球门前向侧面传球时，要求守门员有快速移动的技巧或步法。

POINT
双脚不要跳跃，要向侧面滑动！

2 右脚落地后，左脚向左跨步。

3 身体正对来球，做好接球准备。

4 记住接空中球的注意事项。

POINT
保持一步的距离可以快速移动！

交叉步

POINT
快速移动的时候！

3 右脚跨过左脚后部，摆出接球姿势。

2 左脚向右前方跨步，左脚和右脚呈交叉步，依次快速移动。

1 身体向右倾斜，左脚向右前方跨步。

175

掷球

低手掷球

1

掷球位置过高，球会发生反弹，导致传给队友的球速减慢，而且队友也不容易接球。

拿着球，确认队友的位置。

POINT
手腕向身体内侧弯曲，紧紧锁住球。

2
右手手臂后摆，身体随之侧转。

弯腰甩腕，将球掷出。

POINT
掷出的球要沿着地面滚动！

3

守门员接球后，迅速把球传给队友，这是进攻的第一步。用手掷球有两种方法：第一种是低手掷球，适用于掷给近距离的队友，平稳而易接；第二种是肩上掷球。当守门员面前有对方球员阻挡或队友距离自己较远时，可以选择投掷空中球。

肩上掷球

1

拿着球，确认队友的位置。

持球准备投掷时，要紧盯目标。

用力过猛的话，视线不能集中，会造成掷球失误。

右手臂后引，左手臂向前摆动，身体随之侧转。

2

POINT
重心移至后脚上！

POINT
左臂后摆，利用身体的反作用力把球掷出！

利用挥臂甩腕的力量将球从肩上掷出。

3

空中球

1

POINT

为了从侧面踢球，要侧身！

用踢球脚（右脚）相对侧的手（左手）轻轻把球抛起来。

侧面出球

2 注视着球，身体稍微后仰，支撑脚踏地。

指导要点 POINT ☝ 6 秒限制

守门员接到球后，必须在6秒内掷出球或踢出球。因此，守门员要向罚球区里的空当区域迅速移动，紧密衔接下一个动作。要尽量向前，缩短和队友的距离，这样比较容易传球。

正面出球

POINT

为了方便正面出球，身体要保持直立！

2 注视着球，身体直立，支撑脚踏地。

空中球的传球距离比掷球远，所以当守门员想远距离传球时，可以选择空中球。空中球分为以低平球传球给队友时使用的"侧面出球"和凌空飞行时间相对较长，让队友进入对方场地时使用的"正面出球"。球员们要掌握这两种球的正确踢法。

POINT
踢低平球，传球给队友！

POINT
用力向侧面摆动！

3 抓住球下落的瞬间，右脚向侧面摆动。

4 要像踢空中球一样，右脚向左前方用力摆动。

5

抬头注视出球方向。

3 挥动右脚，触球部位在球的侧上方。

POINT
右脚向前摆动！

4 右脚用力向前摆动，同时保持身体平衡。

POINT
送出在空中停留时间较长的球！

179

守门员的移动和接球技巧练习

练习目的 练习熟练使用两种步法移动的同时用身体正面接住来球，掌握守门员的基本技术。

练习标准

5分钟左右

练习方法

1

让2个球员站在球门线上给守门员传球，守门员在接球过程中要左右移动，用身体正面接球。重复练习。

球门线

2

接到球后，把球还给对方。

3

向另一位球员的方向小步移动。

第六部分

配合训练

Combination

配合训练的 **6** 个要点

球员相互配合，改变攻防战术！

进攻要点 1 换位扰乱对手视线

2 个球员变换左右位置（调换），扰乱盯人球员的视线。

进攻要点 2 2 过 1 绕到对手身后

通过节奏比较快的相互传球，让球通过 2 个对手中间的空当，然后绕到对手身后。

进攻要点 3 保持人数优势

另外一名球员甩开盯人球员，从持球球员的身后逼近，形成 2 对 1 的进攻优势。

掌握1对1的攻防技巧后，接下来可以增加人数，继续学习2对2的攻防技巧。这种2对2的情况在比赛中也经常遇到，也是球队经常会进行的训练项目。

和队友相互合作，配合练习，可以精进进攻和防守技术。通过不断练习，不论是进攻方还是防守方，都可以根据对手的行动选择最佳的应对方法。

防守要点 1 通过身体逼近和补位给对手施加压力

逼近 补位

一人逼近持球球员（挑战），另一人充当补位，一起给对方施压。

防守要点 2 逼近对手

补位

逼近

自己盯防的球员接到传球后，迅速压缩和对方的距离，伺机抢球。

防守要点 3 在身后补位

补位

逼近

站在上前施压的队友身后，即使队友被甩开也可以迅速补位，这样才能增强防守效果。

基础篇 1 交叉换位，扰乱对方盯防球员的视线

进攻 交叉掩护配合①

掌握进攻方如何配合进攻。首先是控球球员和非控球球员相互交叉换位、扰乱对方盯防球员的"交叉掩护配合"。队友 2 人可以互换左右位置，当对手跑来时，把球传给另一位队友。2 人交叉掩护配合扰乱对方判断后，等到对手空出位置，开始迅速向前突破。

1 持球球员 A 把球横向传给队友 B，传球后向 B 跑动。

2 2 人交叉跑过的瞬间，B 把球传给 A，然后向反方向跑动。

小窍门

跑步经过队友身边

交叉掩护配合时，B把球传给A后，A要迅速跑向B的身后。交叉掩护配合缩短了上前逼近的时间，可以干扰对手的判断，此时，可以伺机摆脱对手的盯防。

要点是最大限度地靠近、经过队友身边。

POINT

A被扰乱，从而可以摆脱盯防。

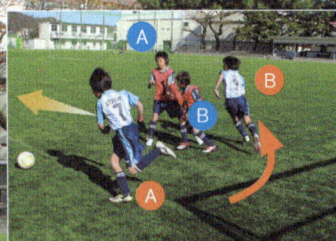

4

无人盯防的A向着球门加速突破。

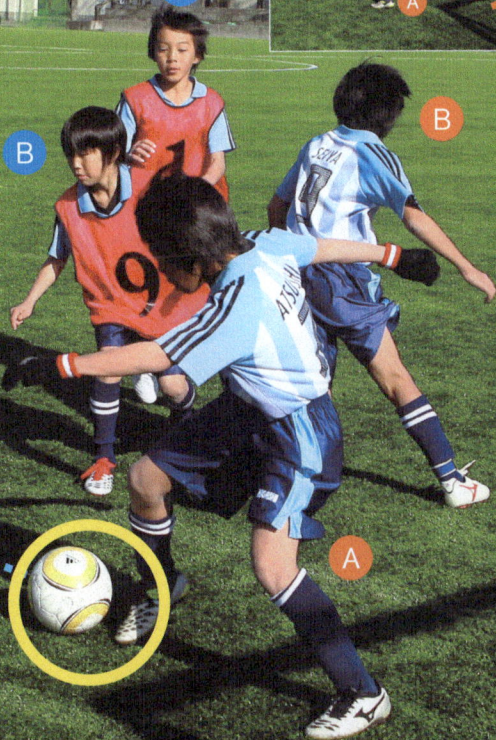

3

等待对手盯防的2人陷入混乱时，A乘机向前方没人防守的地方把球推出。

进攻 交叉掩护配合②

1 控球队员Ⓐ把球横向传给队友Ⓑ，然后向Ⓑ跑动。

POINT
要牢牢控球！

2 2人交错的瞬间，Ⓑ佯装要把球传给Ⓐ。

交叉掩护配合就是这样一种技巧：通过与队友身体交错传球，寻找新的进攻方法；球员接到球后，可以佯装要把球传给身后的队友，实际上再继续带球突破。

通过观察对手如何应对交叉掩护配合进攻，看清对手的位置，带球向空位突破。

指导要点 POINT 观察盯防球员的动作

交叉掩护配合进攻时，要在一瞬间决定是要把球传给队友还是继续带球突破。要向对手动作的反方向行动，所以要时刻观察盯防球员的动作。

4 Ⓑ摆脱来不及反应的Ⓑ，向球门快速进攻。

POINT Ⓑ和Ⓐ身体交错、动作放缓时就是进攻的时机！

3 Ⓑ向球场上的空位带球前进。

187

基础篇 3 摆脱防守，以人数制胜

进攻 **叠瓦式跑动①**

　　叠瓦式跑动就是在进攻中，没有持球的球员越过持球球员后接到传球。如果在比赛中加入了叠瓦式助攻，就会让快攻更加容易。叠瓦式跑动的球员在跑动中甩开盯防自己的对手，并且绕到队友的身后，这一动作会给自己的队友赢得 2 对 1 的人数优势。

小窍门

向侧后方盘带

持球队员给绕到自己身后的队友传球时，要从队友的反方向斜向传球。这样的话，就为队友提供了转身跑动的路线，也可以帮助接到球的队友迅速进入进攻状态。

空间

如果向斜前方带球，既可以吸引对手的注意力，又可以为队友盘带提供较大的空间。

1

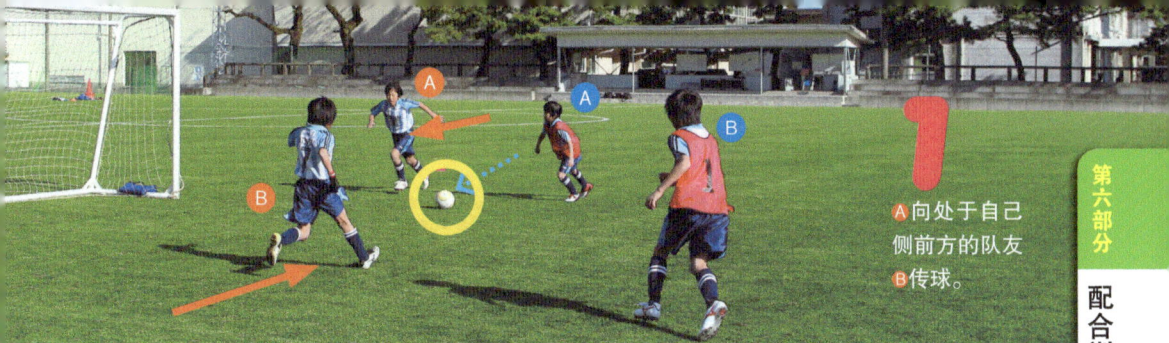

Ⓐ向处于自己侧前方的队友Ⓑ传球。

2

Ⓑ接到球后，Ⓐ迅速跑向Ⓑ的身后。

3

POINT
向侧方向带球！

Ⓑ向斜方向带球，吸引对方的盯防球员Ⓑ的注意力。

4

Ⓐ越过Ⓑ后，Ⓑ找准时机，向Ⓐ的前方传球。

5

POINT
甩掉盯防的Ⓐ！

无人盯防的Ⓐ接到球后加速进攻。

189

以队友的迂回为诱饵带球突破

进攻 叠瓦式跑动②

和队友互相交替变化左右位置的"交叉掩护配合"相同，"叠瓦式跑动"也是改变进攻节奏的一大战术。

持球队员在队友从自己身后绕过的时候，确认盯防自己的对手的行动。如果他向自己队友的方向移动，可以改变传球动作，直接带球从中线突破。

小窍门

用身体的转向判断对手的行动

做出准备向叠瓦式跑动的队友传球的姿势时，身体要正对队友，看清对手如何反应。如果对方盯防球员准备堵住传球路线，那么持球球员可以直接带球从中线进攻；如果对方并没有动作，可以把球传给队友。

传球

身体面向队友，做出传球姿势。如果盯防球员跑向自己，则迅速把球传给队友。

带球

如果盯防自己的球员上前准备堵球，那么可以自己直接带球突破。

1

接球后，B向侧面带球，A绕到B的身后。

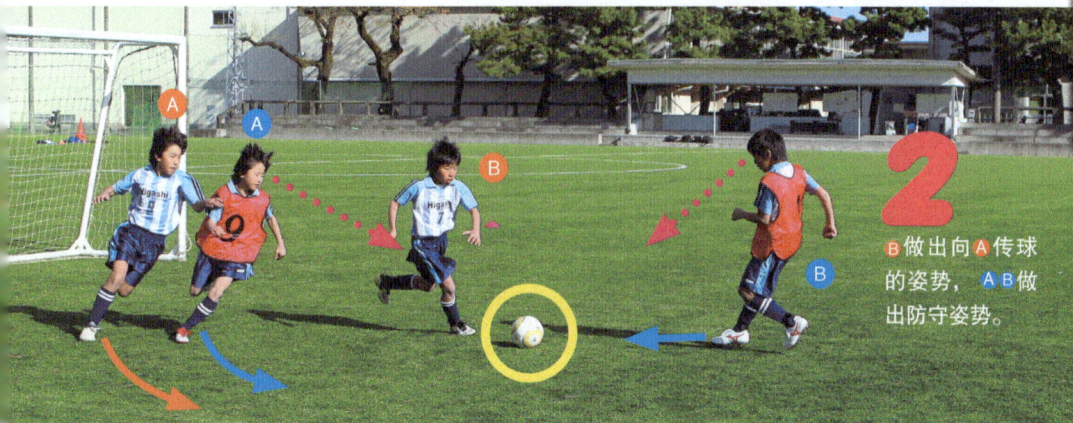

2

B做出向A传球的姿势，AB做出防守姿势。

3

POINT
姿势切换要迅速！

B从传球姿势改为反方向带球。

4

POINT
A不能停止跑动，加入进攻！

B越过反应延迟的B，从中线突破。

进攻 二过一

1 A 传球给 B 后，开始跑动

2 B 看到对手 B 逼近后，把球传给 A。

POINT
第一次传球是"1"！

　　二过一就像数字"1""2"一样，是两个队友有节奏地、迅速地交换传球的进攻战术。让球通过自己和队友的两个盯防球员之间的空当，紧接着向盯防球员身后的空间进攻。这项战术要求在快速跑动中传球，所以重要的是正确的控球、与队友的默契配合，还有精准的时机。

小窍门

插入二人之间，传球

二过一中，"2"（第二次传球）的球员要站在两个盯防球员的中间位置接球。这样才能比较容易从接球位置经过二人之间后传球。

接近两名盯防球员，接到球后，"2"的传球路线比较多。

3 传球后，Ⓑ向前面猛冲，甩开对手。

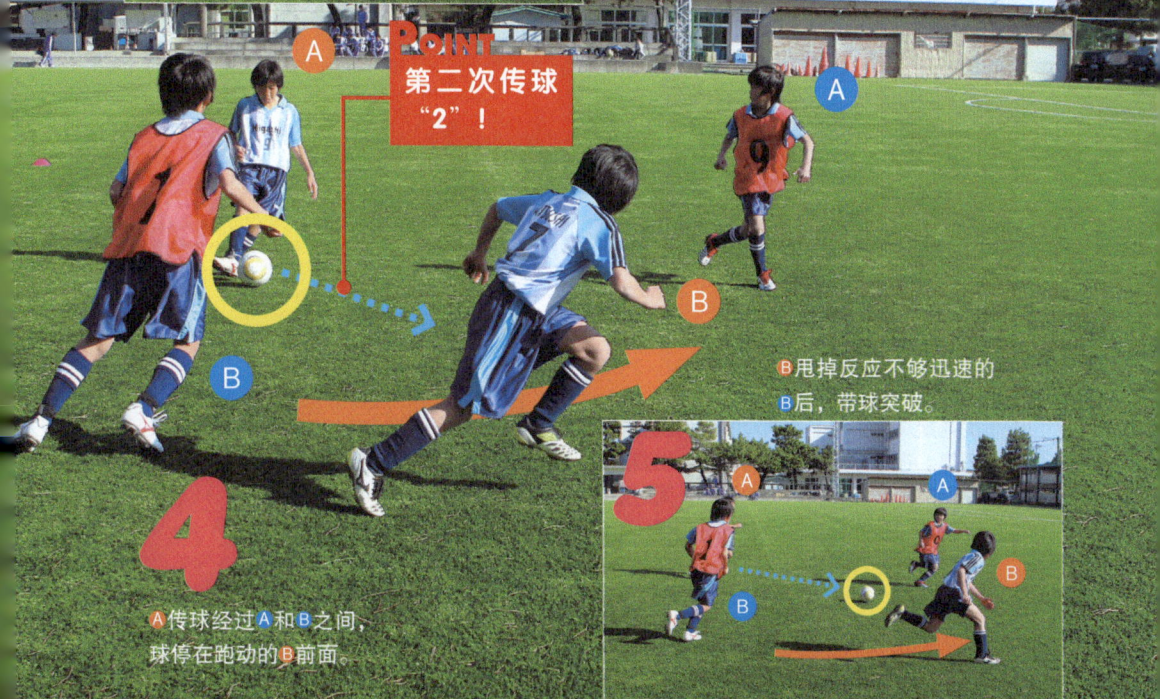

POINT

第二次传球"2"！

Ⓑ甩掉反应不够迅速的Ⓑ后，带球突破。

4 Ⓐ传球经过Ⓐ和Ⓑ之间，球停在跑动的Ⓑ前面。

5

基础篇 6 把球准确地扔到队友脚下

进攻 掷（界外）球

双脚开立的掷球方法

POINT
要面向接球的队友！

1
面向投球方向，双脚开立。

双手持球，屈肘，置球于头后。

3
让球经过头顶，掷给前方的队友。

2

POINT
球要经过头顶！

指导要点 POINT 注意不要犯规

少儿足球比赛中，裁判对掷球犯规要求很严格。在指导如何掷球的同时，也要给球员示范什么投掷姿势是犯规的。同时还要注意，如果一只脚过线也算是犯规，所以球员们在练习中要多加注意。

外
内

掷球时，双脚放在线内，或者放在线上。

在足球比赛中，守门员以外的球员能够用手触球的唯一情况就是"掷（界外）球"。练习掷球时要记住正确的姿势，不要犯规，而且要把球准确地投送到队友的脚下。

掷（界外）球分为双脚横向开立的近距离掷球和双脚前后开立的远距离掷球两种方法。

双脚前后开立的掷球方法

POINT

后面的脚滑向前面！

3
当球过头顶时甩腕，把球用力掷出。

2
双手持球，屈肘，置球于头后。

1
一只脚向前一步，做好准备姿势。

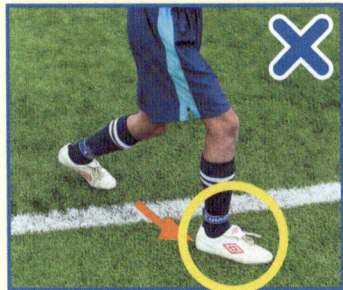

一只脚跨过边线就是犯规。

一只脚抬起也是犯规。

球不经过头顶直接从侧面掷出是犯规。

脚弯得过低，求不见经过头顶是犯规。

防守 逼近与补位①

在防守的配合练习中，记住2对2的情况下如何防守。逼近持球球员的球员扮演"挑战"角色，在一定位置观察自己要防守的对方球员，同时准备帮助上前挑战的队友的球员扮演"补位"角色。当球传给了另一方时，调换挑战和掩护者的角色，在移动中防守对方。

根据球的动向进行逼近与补位练习

从逼近到补位　　　　　　从补位到逼近

根据对方带球的行动反复进行逼近与补位练习，压迫对方，准备抢夺球。练习要点是抓住截球机会和对方的控球失误。

指导要点 POINT　如何补位

前来帮助补位的球员站在挑战球员的身后。至于补位的站位，是补位球员不用左顾右盼就能看到对方2人动作的位置。

从帮助补位的位置观察到对手2人的动作。补位的位置要能一直看到对手2人的动作。

1 Ⓐ接到传球，Ⓐ跑动逼近。

POINT
补位时，要时刻注意对方ⒶⒷ的动作。

POINT
挑战球员压迫对方Ⓐ。

2 Ⓐ负责逼近，Ⓑ负责补位。

3 确认Ⓐ传球给Ⓑ后，Ⓐ和Ⓑ一起跑动。

POINT
交换逼近和补位！

4 Ⓑ负责逼近，Ⓐ负责补位。

197

基础篇 **8** 掌握挑战者的行动要领

防守 逼近与补位②

向前逼近时停下动作

挑战者

确认有人给自己盯防的球员传球。

在球滚动的时候迅速逼近。如果对手接到了球，则尽量靠近他停住，压迫对手。

SEIYA 9

不断练习逼近与补位动作后，接下来就要学习掌握上前挑战的球员的动作要领。逼近的目的是压迫对方，伺机夺球。

如果自己盯防的球员接到了球，自己要在球开始滚动的时候迅速移动，尽量向对方的身边靠近。

灵活应用截球和停步

挑战球员不能在对方接到球后再跑近对方，而是在球开始滚动时就跑向对方。如果发现有截球的机会，就要积极行动。但要注意，不要盲目抢球，否则会被对方带球过掉。

当给对方的传球比较慢时，可以猛冲向前，积极逼近截球。

POINT

如果盲目向前冲刺，就不能马上停下！

对方接到球再向前推进。此时不稍微停顿的话，会被对方甩开。

防守 逼近与补位③

掌握上前挑战的球员动作要领的同时，也要记住补位球员的动作要点。补位的作用是，当上前挑战的球员被对手摆脱时，补位球员从后方准备抢球。

此处需要注意的是补位球员的位置。补位球员要站在挑战球员的侧后方，同时从自己的位置能看到自己盯防的球员。

站在盯防球员和球门的延长线稍微靠内的位置上，这样既可以补位，又可以上前逼近。

POINT 可以对 2 人的动作做出反应！

○

如果一直站在盯防球员和球门的延长线上，当对方摆脱队友后，自己就不能迅速补位。

空当

POINT 离盯防人近，但是补位距离过远！

✕

指导要点 POINT 👆 站在延长线内侧

逼近与补位练习中，如果补位时坚持"自己在防守对象和球门的延长线上"的原则（见第 153 页），有可能会遇到补位不及时的情况。

所以在指导球员时，让他们保持多远的距离是难点。可以让球员们带着站在延长线上的意识，但是实际上站位要稍微偏内一些。

向中间补位

1 看到挑战球员被对方甩开。

2 看到对方跑到自己和队友中间时，快速面对球。

POINT
逼近对方，保证一定要抢到球！

3 如果在中场被过掉，会增加对方射门的危险，所以要积极上前抢球。

纵向补位

1 看到挑战球员被对方甩开。

POINT
相隔距离比较远，所以要冲刺！

2 当对方纵向推进时，要瞬间加速。

3 上前抢球，不得已时，可以踢球出界。

201

加入教练和守门员，进行2对2训练

练习目的　进攻方可以使用配合战术伺机射门，防守方可以通过逼近与补位技巧练习如何抢夺控球权。

练习标准

交替训练，**10**分钟为1组

练习方法

防守
守门员
发球人
进攻

在小球场进行2对2练习。发球人站在进攻方身后的场外，防守方配备守门员。进攻方可以多次把球回传给发球人。防守方抢到球后，双方交换进攻和防守角色。如果进攻方进球，那么发球人重新开始发球。

指导要点 POINT

教练作为发球人指导球员的攻防要点

这项练习是为了让球员学习攻防的基本技术。教练充当发球人，可以指导进攻方和防守方的战术要点，同时检查他们的动作是否规范。

上前补位！

教练充当发球人的同时，确认攻防的配合练习是否有效。

进攻方伺机射门

1 传球穿过对方
2 人之间。

2 2 过 1 后，带球向
球门快攻。

3 看清球门状况后
射门。

4 球进门后，再一次进
行进攻练习。

防守方准备截断球

1 重复逼近与
补位。

2 看准对方传球
的时机。

3 发现球速不快，果断
上前截断。

4 如果截球成功，交换
攻防角色。

加入守门员的3对3配合训练

练习目的 在2对2练习的基础上再加上另外1人和守门员，可以改变比赛节奏，使练习更接近实际比赛。

练习标准 进 **3** 个球或 **10** 分钟为1组

练习方法

守门员

防守

进攻

给双方队员配备守门员，进行3对3配合训练。在训练开始前，要让球员明白这项训练虽然是3对3的攻防练习，但基本上都是1对1的个人攻防，而2对2的配合训练都是根据比赛推进偶然发生的状况。

练习小贴士

守门员也加入进攻

虽然练习形式是双方球队3对3、加守门员，但是进攻方的守门员可以积极传球加入进攻，使己方保持人数优势。当然，牢牢控球是基础。促使守门员加入进攻可以让球员实际感受到人数优势，会让己方在比赛中占有极大优势。

守门员也加入进攻，保持人数优势展开进攻。

进攻方

防守方

1对1

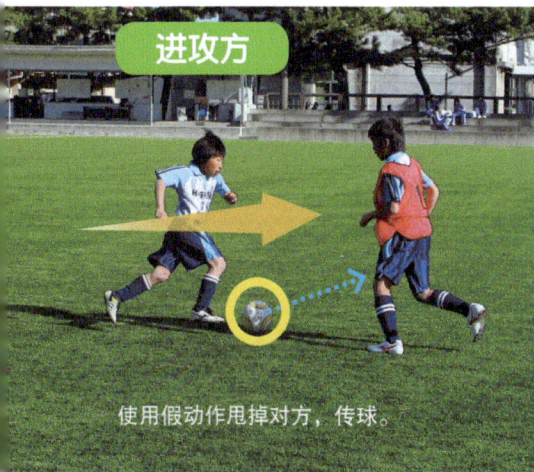

使用假动作甩掉对方，传球。

找机会堵住对方，延缓进攻速度。

2对2

带球时转向、交叉过人、2过1。

通过逼近与补位找机会抢球。

3对3

3人配合射门。

重复逼近与补位，伺机抢球。紧守球门。

堀池巧

1965 年 9 月 6 日出生于静冈县。小学时属于清水 FC 俱乐部，高中就读于清水东高中，大学就读于顺天堂大学，在此期间成为日本知名足球运动员。毕业后效力于读卖俱乐部（现 Tokyo Verdy）。1992 年，随着 J 联赛的举行加盟了清水心跳队，司职后卫，成为全队的中心。1998 ~ 1999 年效力于大阪樱花俱乐部，最后又回到了清水心跳队，1999 年退役。

1986 年，还在上大学的堀池巧入选国家足球队，而后成为正式球员。在国际性 A 级赛事中，他共为日本国家足球队出场 58 次。在汉斯·奥福特率领的日本国家队中，他经历了与世界杯擦肩而过的"多哈悲剧"。

退役后，他担任足球节目《Yabecchi FC》的解说员，受到了大家的欢迎。现任藤枝东 FC 青少年足球队的教练。

青岛东少年足球俱乐部

这个俱乐部位于静冈县藤枝市，是拥有 40 多年历史的足球俱乐部。俱乐部有一年级到六年级的各个年龄段的小球员，各支球队的队员都精神饱满。这个俱乐部也因培养出日本著名足球运动员长谷部诚而闻名。

菊地芳树

1971 年出生于神奈川县。从明治大学毕业后，成为足球和高尔夫球专业运动杂志记者，1998 年成为自由职业者。主要负责为体育杂志、足球专业杂志做采访和供稿。

图书在版编目（ＣＩＰ）数据

青少年足球技术基础训练图解 ／（日）堀池巧主编；
姜先钧译. -- 北京：人民邮电出版社，2019.10
ISBN 978-7-115-51382-3

Ⅰ. ①青… Ⅱ. ①堀… ②姜… Ⅲ. ①足球运动－运
动训练－青少年读物 Ⅳ. ①G843.2-49

中国版本图书馆CIP数据核字(2019)第103078号

版权声明

日文原书设计师

摄影：高桥学

设计：志岐设计事务所（矢野贵文）

编辑协助：帆风社（关根淳）

免责声明

内 容 提 要

本书是青少年足球技术基础训练指南。全书共分六部分，从足球基本功训练、传球与控球、控球与射门、盘带、防守、配合训练等方面细致讲解了每个技术动作的指导要点，采用专业小球员示范技术动作并展示连贯动作的方法指导读者更好地理解和掌握足球基础技术。本书适合青少年足球教练、青少年球员和足球爱好者阅读与学习。

◆ 主　　编　[日] 堀池巧
　　译　　　　姜先钧
　　责任编辑　寇佳音
　　责任印制　周昇亮

◆ 人民邮电出版社出版发行　　北京市丰台区成寿寺路 11 号
　　邮编　100164　电子邮件　315@ptpress.com.cn
　　网址　http://www.ptpress.com.cn
　　固安县铭成印刷有限公司印刷

◆ 开本：700×1000　1/16
　　印张：13　　　　　　　　　2019 年 10 月第 1 版
　　字数：285 千字　　　　　　2025 年 10 月河北第 31 次印刷
　　著作权合同登记号　图字：01-2018-5191 号

定价：58.00 元

读者服务热线：(010) 81055296　印装质量热线：(010) 81055316
反盗版热线：(010) 81055315